我
思

敢於運用你的理智

成唯識論（金陵本）

[唐]玄奘　譯

長江出版傳媒
崇文書局

圖書在版編目（CIP）數據

成唯識論：金陵本／（唐）玄奘譯. -- 武漢：崇文書局，2025. 2. -- ISBN 978-7-5403-8021-2

Ⅰ. B946. 3

中國國家版本館 CIP 數據核字第 2025HA7475 號

成唯識論（金陵本）

出 版 人　韓　敏
出　　品　崇文書局人文學術編輯部
策 劃 人　梅文輝 (mwh902@163.com)
責任編輯　梅文輝
封面設計　甘淑媛
責任印製　李佳超
出版發行　長江出版傳媒｜崇文書局
地　　址　武漢市雄楚大街 268 號 C 座 11 層
電　　話　（027）87679712　郵政編碼　430070
印　　刷　武漢中科興業印務有限公司
開　　本　880mm×1230mm　1/32
印　　張　7.25
字　　数　84 千
版　　次　2025 年 2 月第 1 版
印　　次　2025 年 2 月第 1 次印刷
定　　價　68.00 元

16. 意識常現起　除生無想天
及無心二定　睡眠與悶絕　卷七頁六　134

17. 是諸識轉變　分別所分別
由此彼皆無　故一切唯識　卷七頁十二　140

18. 由一切種識　如是如是變
以展轉力故　彼彼分別生　卷七頁十六　144

19. 由諸業習氣　二取習氣俱
前異熟既盡　復生餘異熟　卷八頁七　156

20. 由彼彼遍計　遍計種種物
此遍計所執　自性無所有

21. 依他起自性　分別緣所生
圓成實於彼　常遠離前性

22. 故此與依他　非異非不異
如無常等性　非不見此彼　卷八頁十六　165

23. 即依此三性　立彼三無性
故佛密意說　一切法無性

24. 初即相無性　次無自然性
後由遠離前　所執我法性

25. 此諸法勝義　亦即是真如
常如其性故　即唯識實性　卷九頁一　173

26. 乃至未起識　求住唯識性
於二取隨眠　猶未能伏滅　卷九頁三　175

27. 現前立少物　謂是唯識性
以有所得故　非實住唯識　卷九頁五　177

28. 若時於所緣　智都無所得
爾時住唯識　離二取相故　卷九頁八　180

29. 無得不思議　是出世間智
捨二麤重故　便證得轉依　卷九頁十一　183

30. 此即無漏界　不思議善常
安樂解脫身　大牟尼名法　卷十頁十二　207

成唯識論卷第一

護法等菩薩造

唐三藏法師玄奘奉　詔譯

稽首唯識性。滿分淸淨者。我今釋彼說。
利樂諸有情。

今造此論。爲於二空有迷謬者生正解故。生解爲斷二重障故。由我法執。二障具生。若證二空。彼障隨斷。斷障爲得二勝果故。由斷續生煩惱障故。證眞解脫。由斷礙解所知障故。得大菩提。又爲開示謬執我法迷唯識者。令達二空。於唯識理如實知故。復有迷謬

唯識理者。或執外境如識非無。或執內識如境非有。或執諸識用別體同。或執離心無別心所。爲遮此等種種異執。令於唯識深妙理中得如實解。故作斯論。

若唯有識。云何世間及諸聖教說有我法。頌曰。

◎由假說我法◎有種種相轉◎彼依識所變
◎此能變唯三◎謂異熟思量◎及了別境識

論曰。世間聖教說有我法。但由假立。非實有性。我謂主宰。法謂軌持。彼二俱有種種相轉。我種種相謂有情命者等。預流一來等。法種種相謂實德業等。蘊處界等。轉謂隨緣施設有異。如是諸相若由假說。依何

得成彼相皆依識所轉變而假施設識謂了別此中識言亦攝心所定相應故變謂識體轉似二分相見俱依自證起故依斯二分施設我法彼二離此無所依故或復內識轉似外境我法分別熏習力故諸識生時變似我法此我法相雖在內識而由分別似外境現諸有情類無始時來緣此執爲實我實法如患夢者患夢力故心似種種外境相現緣此執爲實有外境愚夫所計實我實法都無所有但隨妄情而施設故說之爲假內識所變似我似法雖有而非實我法性然似彼現故說爲假外境隨情而施設故非有

如識內識必依因緣生故非無如境由此便遮增減二執境依內識而假立故唯世俗有識是假境所依事故亦勝義有

云何應知實無外境唯有內識似外境生實我實法不可得故如何實我不可得耶諸所執我略有三種
一者執我體常周徧量同虛空隨處造業受苦樂故
二者執我其體雖常而量不定隨身大小有卷舒故
三者執我體常至細如一極微潛轉身中作事業故
初且非理所以者何執我常徧量同虛空應不隨身受苦樂等又常徧故應無動轉如何隨身能造諸業

又所執我。一切有情爲同爲異。若言同者。一作業時
一切應作。一受果時一切應受。一得解脫時一切應
解脫。便成大過。若言異者。諸有情我更相徧故。體應
相雜。又一作業一受果時。與一切我處無別故。應名
一切所作所受。若謂作受各有所屬。無斯過者。理亦
不然。業果及身與諸我合。屬此非彼。不應理故。一解
脫時一切應解脫。所修證法一切我合故。中亦非理。
所以者何。我體常住。不應隨身而有舒卷。旣有舒卷
如橐籥風。應非常住。又我隨身應可分析。如何可執
我體一耶。故彼所言如童豎戲。後亦非理。所以者何。

我量至小如一極微。如何能令大身徧動。若謂雖小
而速巡身。如旋火輪。似徧動者。則所執我非一非常。
諸有往來非常一故。
又所執我復有三種。一者卽蘊。二者離蘊。三者與蘊
非卽非離。初卽蘊我理且不然。我應如蘊非常一故。
又內諸色定非實我。如外諸色有質礙故。心心所法
亦非實我。不恆相續待衆緣故。餘行餘色亦非實我。
如虛空等非覺性故。中離蘊我理亦不然。應如虛空
無作受故。後俱非我理亦不然。許依蘊立非卽離蘊。
應如瓶等非實我故。又旣不可說有爲無爲。亦應不

可說是我非我。故彼所執實我不成。

又諸所執實有我體。爲有思慮。爲無思慮。若有思慮。應是無常。非一切時有思慮故。若無思慮。應如虛空。不能作業。亦不受果。故所執我。理俱不成。

又諸所執實有我體。爲有作用。爲無作用。若有作用。如手足等。應是無常。若無作用。如兎角等。應非實我。故所執我。二俱不成。

又諸所執實有我體。爲是我見所緣境不。若非我見所緣境者。汝等云何知實有我。若是我見所緣境者。應有我見非顛倒攝。如實知故。若爾。如何執有我者。所信至敎。皆毀我見。稱讚無我。言無我見。能證涅槃。執著我見。沈淪生死。豈有邪見能證涅槃。正見翻令沈淪生死。

又諸我見。不緣實我。有所緣故。如緣餘心。我見所緣。定非實我。是所緣故。如所餘法。是故我見不緣實我。但緣內識變現諸蘊。隨自妄情。種種計度。

然諸我執。略有二種。一者俱生。二者分別。俱生我執。無始時來。虛妄熏習內因力故。恒與身俱。不待邪敎及邪分別。任運而轉。故名俱生。此復二種。一常相續。在第七識。緣第八識。起自心相。執爲實我。二有間斷。

在第六識。緣識所變五取蘊相。或總或別。起自心相。執爲實我。此二我執。細故難斷。後修道中。數數修習勝生空觀。方能除滅。分別我執。亦由現在外緣力故。非與身俱。要待邪教及邪分別。然後方起。故名分別。唯在第六意識中有。此亦二種。一緣邪教所說蘊相。起自心相。分別計度。執爲實我。二緣邪教所說我相。起自心相。分別計度。執爲實我。此二我執。麤故易斷。初見道時。觀一切法生空眞如。卽能除滅。如是所說一切我執。自心外蘊。或有或無。自心內蘊。一切皆有。是故我執。皆緣無常五取蘊相。妄執爲我。然諸蘊相。從緣生故。是如幻有。妄所執我。橫計度故。決定非有。故契經說。苾芻當知。世間沙門婆羅門等。所有我見。一切皆緣五取蘊起。

實我若無。云何得有憶識誦習恩怨等事。所執實我既常無變。後應如前。是事非有。前應如後。是事非無。以後與前。體無別故。若謂我用。前後變易。非我體者。理亦不然。用不離體。應常有故。體不離用。應非常故。然諸有情。各有本識。一類相續。任持種子。與一切法更互爲因。熏習力故。得有如是憶識等事。故所設難。於汝有失。非於我宗。

若無實我誰能造業誰受果耶。所執實我既無變易。猶如虛空。如何可能造業受果。若有變易。應是無常。然諸有情。心心所法因緣力故。相續無斷。造業受果。於理無違。

我若實無。誰於生死輪迴諸趣。誰復厭苦求趣涅槃。所執實我既無生滅。如何可說生死輪迴。常如虛空。非苦所惱。何爲厭捨求趣涅槃。故彼所言常爲自害。然有情類身心相續。煩惱業力輪迴諸趣。厭患苦故求趣涅槃。由此故知定無實我。但有諸識無始時來。前滅後生。因果相續。由妄熏習似我相現。愚者於中

妄執爲我。

如何識外實有諸法不可得耶。外道餘乘所執外法理非有故。外道所執云何非有。且數論者執我是思。受用薩埵剌闍答摩所成大等二十三法。然大等法三事合成。是實非假。現量所得。彼執非理。所以者何。大等諸法多事成故。如軍林等。應假非實。如何可說現量得耶。又大等法若是實有。應如本事。非三合成。薩埵等三即大等故。應如大等亦三合成。轉變非常。爲例亦爾。又三本事各多功能。體亦應多。能體一故。三體既徧。一處變時。餘亦應爾。體無別故。許此三事

體相各別如何和合共成一相不應合時變爲一相
與未合時體無別故若謂三事體異相同便違己宗
體相是一體應如相冥然是一相應如體顯然有三
故不應言三合成一又三是別大等是總總別一故
應非一三此三變時若不和合成一相者應如未變
如何現見是一色等若三和合成一相者應失本別
相體亦應隨失不可說三各有二相一總二別總即
別故總亦應三如何見一若謂三體各有三相和雜
難知故見一者既有三相寧見爲一復如何知三事
有異若彼一一皆具三相應一一事能成色等何所

闕少待三和合體亦應各三以體即相故又大等法
皆三合成展轉相望應無差別是則因果唯量諸大
諸根差別皆不得成若爾一根應得一切境或應一
境一切根所得世間現見情與非情淨穢等物現比
量等皆應無異便爲大失故彼所執實法不成但是
妄情計度爲有

勝論所執實等句義多實有性現量所得彼執非理
所以者何諸句義中且常住者若能生果應是無常
有作用故如所生果若不生果應非離識實有自性
如兎角等諸無常者若有質礙便有方分應可分析

如軍林等非實有性若無質礙如心心所應非離此
有實自性
又彼所執地水火風應非有礙實句義攝身根所觸
故如堅濕煖動即彼所執堅濕煖等應非無礙德句
義攝身根所觸故如地水火風地水火三對靑色等
俱眼所見準此應責故知無實地水火風與堅濕等
各別有性亦非眼見實地水火又彼所執實句義中
有礙常者皆有礙故如麤地等應是無常諸句義中
色根所取無質礙法應皆有礙許色根取故如地水
火風

又彼所執非實德等應非離識有別自性非實攝故
如石女兒非有實等應非離識有別自性非有攝故
如空華等彼所執有應離實等無別自性許非無故
如實德等若離實等應非有性許異實等故如畢竟
無等如有非無無別有性如何實等有別有性若離
有法有別有性應離無法有別無性彼既不然此云
何爾故彼有性唯妄計度又彼所執實德業性異實
德業理定不然勿此亦非實德業性異實等故如德
業等又應實等非實等攝異實等性故如德業實等
地等諸性對地等體更相徵詰準此應知如實性等

無別實等性實等亦應無別實性等若離實等有實等性應離非實等有非實等性彼既不爾此云何然故同異性唯假施設又彼所執和合句義定非實有非有實等諸法攝故如畢竟無彼許實等現量所得以理推徵尚非實有況彼自許和合句義非現量得而可實有設執和合是現量境由前理故亦非實有然彼實等非緣離識實有自體現量所得許所知故如龜毛等又緣實智非緣離識實句自體現量智攝假合生故如德智等廣說乃至緣和合智非緣離識和合自體現量智攝假合生故如實智等故勝論者

實等句義亦是隨情妄所施設

有執有一大自在天體實偏常能生諸法彼執非理所以者何若法能生必非常故諸非常者必不偏故諸不偏者非眞實故體既常偏具諸功能應一切處時頓生一切法待欲或緣方能生者違一因論或欲及緣亦應頓起因常有故餘執有一大梵時方本際自然虛空我等常住實有具諸功能生一切法皆同此破

有餘偏執明論聲常能爲定量表詮諸法有執一切聲皆是常待緣顯發方有詮表彼俱非理所以者何

且明論聲許能詮故應非常住。如所餘聲。餘聲亦應
非常。聲體如瓶衣等。待衆緣故。
有外道執地水火風極微實常。能生麤色。所生麤色。
不越因量。雖是無常而體實有。彼亦非理。所以者何。
所執極微若有方分。如蟻行等。體應非實。若無方分。
如心心所。應不共聚。生麤果色。既能生果。如彼所生。
如何可說極微常住。又所生果不越因量。應如極微
不名麤色。則此果色應非眼等色根所取。便違自執。
若謂果色量德合故。非麤似麤。色根能取。所執果色
既同因量。應如極微無麤德合。或應極微亦麤德合。

如麤果色處無別故。若謂果色徧在自因。因非一故
可名麤者。則此果色體應非一。如所在因處各別故。
既爾此果還不成麤。由此亦非色根所取。若果多分
合故成麤。多因極微合應非細。足成根境。何用果爲。
既多分成。應非實有。則汝所執前後相違。又果與因
俱有質礙。應不同處。如二極微。若謂果因體相受入。
如沙受水。藥入鎔銅。誰許沙銅體受水藥。或應離變。
非一非常。又麤色果體若是一。得一分時應得一切。
彼此一故。彼應如此。不許違理。許便違事。故彼所執
進退不成。但是隨情虛妄計度。

然諸外道品類雖多所執有法不過四種一執有法與有等性其體定一如數論等彼執非理所以者何勿一切法卽有性故皆如有性體無差別便違三德我等體異亦違世間諸法差別又若色等卽色等性色等應無青黃等異二執有法與有等性其體定異如勝論等彼執非理所以者何勿一切法非有性故如已滅無體不可得便違實等自體非無亦違世間現見有物又若色等非色等性應如聲等非眼等境三執有法與有等性亦一亦異如無慚等彼執非理所以者何一異同前一異過故二相相違體應別故

一異體同俱不成故勿一切法皆同一體或應一異是假非實而執爲實理定不成四執有法與有等性非一非異如邪命等彼執非理所以者何非一異執同異一故非一異言爲遮爲表若唯是表應不雙非若但是遮應無所執亦遮亦表應互相違非表非遮應成戲論又非一異違世共知有一異物亦違自宗色等有法決定實有是故彼言唯矯避過諸有智者勿謬許之

餘乘所執離識實有色等諸法如何非有彼所執色不相應行及諸無爲理非有故

且所執色總有二種。一者有對極微所成。二者無對
非極微成。彼有對色定非實有。能成極微非實有故。
謂諸極微若有質礙。應如瓶等是假非實。若無質礙。
應如非色。如何可集成瓶衣等。又諸極微若有方分。
必可分析便非實有。若無方分則如非色。云何和合
承光發影。日輪纔舉照柱等時。東西兩邊光影各現。
承光發影處既不同。所執極微定有方分。又若見觸
壁等物時。唯得此邊不得彼分。既和合物卽諸極微。
故此極微必有方分。又諸極微隨所住處必有上下
四方差別。不爾便無共和集義。或相涉入應不成麤。

由此極微定有方分。執有對色卽諸極微。若無方分。
應無障隔。若爾便非障礙有對。是故汝等所執極微。
必有方分。有方分故便可分析。定非實有。故有對色。
實有不成。五識豈無所依緣色。雖非無色而是識變。
謂識生時內因緣力變似眼等色等相現。卽以此相
爲所依緣。然眼等根非現量得。以能發識比知是有。
此但功能非外所造。外有對色理既不成。故應但是
內識變現。發眼等識名眼等根。此爲所依生眼等識。
此眼等識外所緣緣理非有故。決定應許自識所變
爲所緣緣。謂能引生似自識者。汝執彼是此所緣緣。

非但能生。勿因緣等亦名此識所緣緣故。眼等五識了色等時。但緣和合似彼相故。非和合相異諸極微有實自體。分析彼時似彼相識定不生。故彼和合相既非實有。故不可說是五識緣。勿第二月等能生五識故。非諸極微共和合位可與五識各作所緣。此識上無極微相故。非諸極微有和合相。不和合時無此相故。非和合位與不合時。此諸極微體相有異。故和合位。如不合時色等極微非五識境。有執色等一一極微。不和集時非五識境。共和集位展轉相資有麤相生。爲此識境。彼相實有。爲此所緣。彼執不然。共和

集位與未集時體相一故。瓶甌等物極微等者緣彼相識應無別故。共和集位一一極微各各應捨微圓相故。非麤相識緣細相境。勿餘境識緣餘境故。一識應緣一切境故。許有極微尚致此失。況無識外眞實極微。由此定知自識所變似色等相爲所緣緣。見託彼生。帶彼相故。然識變時隨量大小頓現一相。非別變作衆多極微合成一物。爲執麤色有實體者佛說極微。令其除析。非謂諸色實有極微。諸瑜伽師以假想慧於麤色相漸次除析至不可析。假說極微。雖此極微猶有方分而不可析。若更析之便似空現。不名

爲色。故說極微是色邊際。由此應知諸有對色皆識變現非極微成。餘無對色是此類故。亦非實有。或無對故。如心心所定非實色。諸有對色現有色相以理推究離識尚無。況無對色現無色相而可說爲眞實色法。

表無表色豈非實有。此非實有。所以者何。且身表色若是實有以何爲性。若言是形。便非實有可分析故。長等極微不可得故。若言是動。亦非實有纔生卽滅無動義故。有爲法滅不待因故。滅若待因應非滅故。若言有色非顯非形心所引生能動手等名身表業。

理亦不然。此若是動義如前破。若是動因應卽風界。風無表示不應名表。又觸不應通善惡性。非顯香味類觸應知。故身表業定非實有。然心爲因令識所變手等色相生滅相續轉趣餘方似有動作表示心故假名身表。語表亦非實有聲性。一剎那聲無詮表故多念相續便非實故。外有對色前已破故。然因心故識變似聲生滅相續似有表示假名語表。於理無違。表既實無無表寧實。然依思願善惡分限假立無表。理亦無違。謂此或依發勝身語善惡思種增長位立。或依定中止身語惡現行思立。故是假有。世尊經中

說有三業撥身語業豈不違經不撥爲無但言非色
能動身思說名身業能發語思說名語業審決二思
意相應故作動意故說名意業起身語思有所造作
說名爲業是審決思所遊履故通生苦樂異熟果故
亦名爲道故前七業道亦思爲自性或身語表由思
發故假說爲業思所履故說名業道由此應知實無
外色唯有內識變似色生

不相應行亦非實有所以者何得非得等非如色心
及諸心所體相可得非異色心及諸心所作用可得
由此故知定非實有但依色等分位假立此定非異

色心心所有實體用如色心等許蘊攝故或心心所
及色無爲所不攝故如畢竟無定非實有或餘實法
所不攝故如餘假法非實有體

且彼如何知得非得異色心等有實體用契經說故
如說如是補特伽羅成就善惡聖者成就十無學法
又說異生不成就聖法諸阿羅漢不成就煩惱成不
成言顯得非得經不說此異色心等有實體用爲證
不成亦說輪王成就七寶豈卽成就他身非情若謂
於寶有自在力假說成就於善惡法何不許然而執
實得若謂七寶在現在故可假說成寧知所成善惡

等法離現在有。離現實法。理非有故。現在必有善種
等故。又得於法有何勝用。若言能起應起無爲。一切
非情應永不起。未得已失應永不生。若俱生得爲因
起者。所執二生便爲無用。又具善惡無記得者善惡
無記應頓現前。若待餘因得便無用。若得於法是不
失因。有情由此成就彼故。諸可成法不離有情。若離
有情實不可得。故得於法俱爲無用。得實無故非得
亦無。然依有情可成諸法分位假立三種成就。一種
子成就。二自在成就。三現行成就。翻此假立不成就
名。此類雖多。而於三界見所斷種未永害位假立非
得名異生性。於諸聖法未成就故。

復如何知異色心等有實同分。契經說故。如契經說。
此天同分。此人同分。乃至廣說。此經不說異色心等
有實同分。爲證不成。若同智言因斯起故知實有者。
則草木等應有同分。又於同分起同智言同分復應
有別同分。彼既不爾。此云何然。若謂爲因起同事欲。
知實有者。理亦不然。宿習爲因起同事欲何要別執
有實同分。然依有情身心相似分位差別假立同分。
復如何知異色心等有實命根。契經說故。如契經說。
壽煖識三。應知命根說名爲壽。此經不說異色心等。

有實壽體爲證不成。又先已成色不離識。應此離識
無別命根。又若命根異識實有。應如受等。非實命根。
若爾。如何經說三法。義別說三。如四正斷。住無心位。
壽煖應無。豈不經說識不離身。既爾。如何名無心位。
彼滅轉識。非阿賴耶。有此識因。後當廣說。此識足爲
界趣生體。是徧恆續異熟果故。無勞別執有實命根。
然依親生此識種子。由業所引功能差別住時決定。
假立命根。

復如何知二無心定無想異熟異色心等有實自性。
若無實性應不能遮心心所法令不現起。若無心位

有別實法異色心等。能遮於心。名無心定。應無色時
有別實法異色心等。能礙於色。名無色定。彼既不爾。
此云何然。又遮礙心。何須實法。如堤塘等。假亦能遮。
謂修定時。於定加行厭患麤動心心所故。發勝期願
遮心心所。令心心所漸細漸微。微微心時熏異熟識
成極增上厭心等種。由此損伏心等種故。麤動心等
暫不現行。依此分位假立二定。此種善故。定亦名善。
無想定前求無想果故。所熏成種招彼異熟識。依之
麤動想等不行。於此分位假立無想。依異熟立得異
熟名。故此三法亦非實有。

成唯識論卷第一

音釋

謬眉救切誤也　軌居洧切軌則也　槖籥槖他各切籥弋灼切槖籥鞴囊也　豎巨庾切童僕未冠者曰豎　徵詰詰契吉切問也　鎔餘封切銷融也　矯舉夭切詐也　析先的切分也　堤都黎切岸也

成唯識論卷第二

護法等菩薩造

唐三藏法師玄奘奉 詔譯

復如何知諸有爲相異色心等有實自性契經說故
如契經說有三有爲之有爲相乃至廣說此經不說
異色心等有實自性爲證不成非第六聲便表異體
色心之體卽色心故非能相體定異所相勿堅相等
異地等故若有爲相異所相體無爲相體應異所相
又生等相若體俱有應一切時齊興作用若相違故
用不頓興體亦相違如何俱有又住異滅用不應俱

能相所相體俱本有用亦應然無別性故若謂彼用
更待因緣所待因緣應非本有又執生等便爲無用
所相恆有而生等合應無爲法亦有生等彼此異因
不可得故又去來世非現非常應似空華非實有性
生名爲有寧在未來滅名爲無應非現在滅若非無
生應非有又滅違住寧執同時住不違生何容異世
故彼所執進退非理然有爲法因緣力故本無今有
暫有還無表異無爲假立四相本無今有有位名生
生位暫停卽說爲住住別前後復立異名暫有還無
無時名滅前三有故同在現在後一是無故在過去

如何無法與有爲相。表此後無爲相何失。生表有法先非有。滅表有法後是無。異表此法非凝然。住表此法暫有用。故此四相於有爲法雖俱名表而表有異。此依剎那假立四相。一期分位亦得假立。初有名生。後無名滅。生已相似相續名住。卽此相續轉變名異。是故四相皆是假立。

復如何知異色心等有實詮表名句文身。契經說故。如契經說佛得希有名句文身。此經不說異色心等有實名等。爲證不成。若名句文異聲實有應如色等非實能詮。謂聲能生名句文者此聲必有音韻屈曲。

此足能詮。何用名等。若謂聲上音韻屈曲卽名句文。異聲實有。所見色上形量屈曲應異色處別有實體。若謂聲上音韻屈曲如絃管聲非能詮者。此應如彼聲不別生名等。又誰說彼定不能詮。聲若能詮風鈴聲等應有詮用。此應如彼不別生實名句文身。若唯語聲能生名等。如何不許唯語能詮。何理定知能詮卽語。寧知異語別有能詮。語不異能詮人天共了。執能詮異語天愛非餘。然依語聲分位差別而假建立名句文身。名詮自性。句詮差別。文卽是字爲二所依。此三離聲雖無別體而假實異亦不卽聲。由此法詞二無礙解境有差別。聲與名等蘊處界攝亦各有異。
且依此土說名句文依聲假立。非謂一切。諸餘佛土
亦依光明妙香味等假立三故。
有執隨眠異心心所是不相應行蘊所攝。彼亦非理。
名貪等故。如現貪等非不相應。執別有餘不相應行。
準前理趣皆應遮止。
諸無爲法離色心等決定實有理不可得。且定有法
略有三種。一現所知法。如色心等。二現受用法。如瓶
衣等。如是二法世共知有不待因成。三有作用法。如
眼耳等由彼彼用證知是有。無爲非世共知定有。又

無作用如眼耳等。設許有用應是無常。故不可執無
爲定有。然諸無爲所知性故。或色心等所顯性故。如
色心等不應執爲離色心等實無爲性。又虛空等爲
一爲多。若體是一遍一切處。虛空容受色等法故。隨
能合法體應成多。一所合處餘不合故。不爾諸法應
互相遍。若謂虛空不與法合。應非容受。如餘無爲。又
色等中有虛空不。有應相雜。無應不遍。一部一品結
法斷時應得餘部餘品擇滅。一法緣闕得不生時應
於一切得非擇滅。執彼體一理應爾故。若體是多便
有品類。應如色等非實無爲。虛空又應非遍容受。餘

部所執離心心所實有無爲準前應破。又諸無爲許無因果故應如兔角非異心等有。然契經說有虛空等諸無爲法略有二種。一依識變假施設有。謂曾聞說虛空等名。隨分別有虛空等相。數習力故心等生時似虛空等無爲相現。此所現相前後相似無有變易假說爲常。二依法性假施設有。謂空無我所顯眞如。有無俱非。心言路絕。與一切法非一異等。是法眞理故名法性。離諸障礙故名虛空。由簡擇力滅諸雜染究竟證會故名擇滅。不由擇力本性清淨或緣闕所顯故名非擇滅。苦樂受滅故名不動。想受不行名想受滅。此五皆依眞如假立。眞如亦是假施設名。遮撥爲無故說爲有。遮執爲有故說爲空。勿謂虛幻故說爲實。理非妄倒故名眞如。不同餘宗離色心等有實常法名曰眞如。故諸無爲非定實有。

外道餘乘所執諸法異心心所非實有性。是所取故。如心心所。能取彼覺亦不緣彼。是能取故。如緣此覺諸心心所依他起故亦如幻事非眞實有。爲遣妄執心心所外實有境故說唯有識。若執唯識眞實有者。如執外境亦是法執。

然諸法執略有二種。一者俱生。二者分別。俱生法執無始時來虛妄熏習內因力故。恆與身俱。不待邪教及邪分別。任運而轉。故名俱生。此復二種。一常相續。在第七識緣第八識起自心相。執爲實法。二有間斷。在第六識緣識所變蘊處界相。或總或別起自心相。執爲實法。此二法執細故難斷。後十地中。數數修習勝法空觀。方能除滅。分別法執亦由現在外緣力故。非與身俱。要待邪教及邪分別。然後方起。故名分別。唯在第六意識中有。此亦二種。一緣邪教所說蘊處界相。起自心相分別計度。執爲實法。二緣邪教所說自性等相。起自心相分別計度。執爲實法。此二法執。

麤故易斷。入初地時觀一切法法空眞如。卽能除滅。如是所說一切法執。自心外法或有或無。自心內法一切皆有。是故法執皆緣自心所現似法。執爲實有。然似法相從緣生故。是如幻有。所執實法妄計度故。決定非有。故世尊說。慈氏當知。諸識所緣。唯識所現。依他起性。如幻事等。

如是外道餘乘所執離識我法皆非實有。故心心所決定不用外色等法爲所緣緣。緣用必依實有體故。現在彼聚心心所法。非此聚識親所緣緣。如非所緣他聚攝故。同聚心所亦非親所緣。自體異故。如餘非

所取由此應知實無外境唯有內識似外境生是故契經伽他中說

如愚所分別　外境實皆無　習氣擾濁心

故似彼而轉

有作是難若無離識實我法者假亦應無謂假必依眞事似事共法而立如有眞火有似火人有猛赤法乃可假說此人爲火假說牛等應知亦然我法若無依何假說無假說故似亦不成如何說心似外境轉彼難非理離識我法前已破故依類依實假說火等俱不成故依類假說理且不成猛赤等德非類有故

若無共德而假說彼應亦於水等假說火等名若謂猛等雖非類德而不相離故可假說此亦不然人類猛等現見亦有互相離故類既無德又互相離然有於人假說火等故知假說不依類成依實假說理亦不成猛赤等德非共有故謂猛赤等在火在人其體各別所依異故無共假說有過同前若謂人火德相似故可假說者理亦不然說火在人非在德故由此假說不依實成又假必依眞事立者亦不應理眞謂自相假智及詮俱非境故謂假智詮不得自相唯於諸法共相而轉亦非離此有別方便施設自相爲假

所依。然假智詮。必依聲起。聲不及處。此便不轉。能詮所詮。俱非自相。故知假說不依眞事。由此但依似事而轉。似謂增益。非實有相。聲依增益似相而轉。故不可說假必依眞。是故彼難不應正理。然依識變對遣妄執眞實我法。說假似言。由此契經伽他中說。

爲對遣愚夫　所執實我法　故於識所變
假說我法名

識所變相。雖無量種。而能變識類別唯三。一謂異熟。卽第八識。多異熟性故。二謂思量。卽第七識。恒審思量故。三謂了境。卽前六識。了境相麤故。及言顯六合

爲一種。此三皆名能變識者。能變有二種。一因能變。謂第八識中等流異熟二因習氣。等流習氣。由七識中善惡無記熏令生長。異熟習氣。由六識中有漏善惡熏令生長。二果能變。謂前二種習氣力故。有八識生。現種種相。等流習氣爲因緣故。八識體相差別而生。名等流果。果似因故。異熟習氣爲增上緣。感第八識。酬引業力。恒相續故。立異熟名。感前六識。酬滿業者。從異熟起。名異熟生。不名異熟。有間斷故。卽前異熟及異熟生。名異熟果。果異因故。此中且說我愛執藏持雜染種能變果識。名爲異熟。非謂一切。

雖已略說能變三名而未廣辯能變三相且初能變其相云何頌曰

◎初阿賴耶識◎異熟一切種◎不可知執受
◎處了常與觸◎作意受想思◎相應唯捨受
◎是無覆無記◎觸等亦如是◎恒轉如暴流
◎阿羅漢位捨

論曰初能變識大小乘教名阿賴耶此識具有能藏所藏執藏義故謂與雜染互爲緣故有情執爲自內我故此卽顯示初能變識所有自相攝持因果爲自相故此識自相分位雖多藏識過重是故偏說此是

能引諸界趣生善不善業異熟果故說名異熟離此命根衆同分等恒時相續勝異熟果不可得故此卽顯示初能變識所有果相此識果相雖多位多種異熟寬不共故偏說之此能執持諸法種子令不失故名一切種離此餘法能偏執持諸法種子不可得故此卽顯示初能變識所有因相此識因相雖有多種持種不共是故偏說初能變識體相雖多略說唯有如是三相

一切種相應更分別此中何法名爲種子謂本識中親生自果功能差別此與本識及所生果不一不異

體用因果理應爾故。雖非一異而是實有。假法如無。非因緣故。此與諸法既非一異。應如瓶等是假非實。若爾。眞如應是假有。許則便無眞勝義諦。然諸種子。唯依世俗說爲實有。不同眞如。種子雖依第八識體。而是此識相分。非餘。見分恆取此爲境故。諸有漏種。與異熟識體無別故。無記性攝。因果俱有善等性故。亦名善等。諸無漏種非異熟識性所攝故。因果俱是善性攝故。唯名爲善。若爾。何故決擇分說二十二根一切皆有異熟種子。皆異熟生。雖名異熟而非無記。依異熟故名異熟種。異性相依。如眼等識。或無漏種

由熏習力轉變成熟。立異熟名。非無記性所攝異熟。此中有義。一切種子皆本性有。不從熏生。由熏習力。但可增長。如契經說。一切有情無始時來有種種界。如惡叉聚。法爾而有。界卽種子差別名故。又契經說。無始時來界。一切法等依。界是因義。瑜伽亦說。諸種子體無始時來性雖本有。而由染淨新所熏發。諸有情類無始時來若般涅槃法者。一切種子皆悉具足。不般涅槃法者。便闕三種菩提種子。如是等文誠證非一。又諸有情既說本有五種性別。故應定有法爾種子不由熏生。又瑜伽說。地獄成就三無漏根是種

非現。又從無始展轉傳來。法爾所得本性住性。由此
等證。無漏種子法爾本有。不從熏生。有漏亦應法爾
有種。由熏增長。不別熏生。如是建立因果不亂。
有義種子皆熏故生。所熏能熏俱無始有。故諸種子
無始成就。種子既是習氣異名。習氣必由熏習而有。
如麻香氣華熏故生。如契經說。諸有情心染淨諸法
所熏習故。無量種子之所積集。論說內種定有熏習。
外種熏習或有或無。又名言等三種熏習總攝一切
有漏法種。彼三既由熏習而有。故有漏種必藉熏生。
無漏種生。亦由熏習。說聞熏習聞淨法界等流正法

而熏起。故是出世心種子性。故有情本來種性差別。
不由無漏種子有無。但依有障無障建立。如瑜伽說。
於眞如境若有畢竟二障種者。立爲不般涅槃法性。
若有畢竟所知障種非煩惱者。一分立爲聲聞種性。
一分立爲獨覺種性。若無畢竟二障種者。卽立彼爲
如來種性。故知本來種性差別。依障建立。非無漏種。
所說成就無漏種言。依當可生。非已有體。
有義種子各有二類。一者本有。謂無始來異熟識中。
法爾而有生蘊處界功能差別。世尊依此說諸有情
無始時來有種種界。如惡叉聚法爾而有。餘所引證。

廣說如初。此即名爲本性住種。二者始起。謂無始來
數數現行熏習而有。世尊依此說有情心染淨諸法
所熏習故。無量種子之所積集。諸論亦說染淨種子。
由染淨法熏習故生。此即名爲習所成種。
若唯本有。轉識不應與阿賴耶爲因緣性。如契經說。
諸法於識藏　識於法亦爾　更互爲果性
亦常爲因性
此頌意言。阿賴耶識與諸轉識於一切時展轉相生。
互爲因果。攝大乘說。阿賴耶識與雜染法互爲因緣。
如炷與燄。展轉生燒。又如束蘆互相依住。唯依此二

建立因緣。所餘因緣不可得故。若諸種子不由熏生。
如何轉識與阿賴耶有因緣義。非熏令長可名因緣。
勿善惡業與異熟果爲因緣故。又諸聖教說有種子
由熏習生。皆違彼義。故唯本有。理教相違。
若唯始起。有爲無漏無因緣故。應不得生。有漏不應
爲無漏種。勿無漏種生有漏故。許應諸佛有漏復生。
善等應爲不善等種。分別論者雖作是說。心性本淨。
客塵煩惱所染汙故。名爲雜染。離煩惱時。轉成無漏。
故無漏法非無因生。而心性言。彼說何義。若說空理。
空非心因。常法定非諸法種子。以體前後無轉變故。

若即說心應同數論相雖轉變而體常一惡無記心。
又應是善。許則應與信等相應。不許便應非善心體。
尚不名善況是無漏。有漏善心既稱雜染。如惡心等。
性非無漏。故不應與無漏爲因。勿善惡等互爲因故。
若有漏心性是無漏。應無漏心性是有漏。差別因緣
不可得故。又異生心若是無漏。則異生位無漏現行。
應名聖者。若異生心性雖無漏而相有染。不名無漏。
無斯過者。則心種子亦非無漏。何故汝論說有異生。
唯得成就無漏種子。種子現行性相同故。然契經說
心性淨者。說心空理所顯眞如。眞如是心眞實性故。

或說心體非煩惱故。名性本淨。非有漏心性是無漏。
故名本淨。由此應信有諸有情無始時來有無漏種。
不由熏習法爾成就。後勝進位熏令增長。無漏法起。
以此爲因。無漏起時復熏成種。有漏法種類此應知。
諸聖教中雖說內種定有熏習。而不定說一切種子
皆熏故生。寧全撥無本有種子。然本有種亦由熏習
令其增盛。方能得果。故說內種定有熏習。其聞熏習
非唯有漏。聞正法時亦熏本有無漏種子。令漸增盛。
展轉乃至生出世心。故亦說此名聞熏習。聞熏習中。
有漏性者是修所斷。感勝異熟。爲出世法勝增上緣。

無漏性者非所斷攝。與出世法正爲因緣。此正因緣
微隱難了。有寄麤顯勝增上緣。方便說爲出世心種。
依障建立種性別者。意顯無漏種子有無。謂若全無
無漏種者。彼二障種永不可害。卽立彼爲非涅槃法。
若唯有二乘無漏種者。彼所知障種永不可害。一分
立爲聲聞種性。一分立爲獨覺種性。若亦有佛無漏
種者。彼二障種俱可永害。卽立彼爲如來種性。故由
無漏種子有無。障有可斷不可斷義。然無漏種微隱
難知。故約彼障顯性差別。不爾彼障有何別因。而有
可害不可害者。若謂法爾有此障別。無漏法種寧不

許然。若本全無無漏法種。則諸聖道永不得生。誰當
能害二障種子。而說依障立種性別。旣彼聖道必無
生義。說當可生。亦定非理。
然諸聖教處處說有本有種子。皆違彼義。故唯始起
理教相違。由此應知諸法種子。各有本有始起二類。
然種子義略有六種。一剎那滅。謂體纔生無間必滅
有勝功力。方成種子。此遮常法。常無轉變。不可說有
能生用故。二果俱有。謂與所生現行果法。俱現和合
方成種子。此遮前後及定相離。現種異類互不相違。
一身俱時有能生用。非如種子自類相生。前後相違。

必不俱有。雖因與果有俱不俱。而現在時可有因用。
未生已滅。無自體故。依生現果立種子名。不依引生
自類名種。故但應說與果俱有。三恆隨轉。謂要長時
一類相續至究竟位方成種子。此遮轉識轉易間斷。
與種子法不相應故。此顯種子自類相生。四性決定。
謂隨因力生善惡等功能決定方成種子。此遮餘部。
執異性因生異性果有因緣義。五待衆緣。謂此要待
自衆緣合功能殊勝方成種子。此遮外道執自然因。
不待衆緣恆頓生果。或遮餘部緣恆非無。顯所待緣
非恆有性。故種於果非恆頓生。六引自果。謂於別別

色心等果各各引生方成種子。此遮外道執唯一因
生一切果。或遮餘部執色心等互爲因緣。唯本識中
功能差別具斯六義成種非餘。
外穀麥等識所變故。假立種名。非實種子。此種勢力
生近正果名曰生因。引遠殘果令不頓絕卽名引因。
內種必由熏習生長。親能生果是因緣性。外種熏習
或有或無。爲增上緣辦所生果。必以內種爲彼因緣。
是共相種所生果故。
依何等義立熏習名。所熏能熏各具四義令種生長。
故名熏習。

何等名爲所熏四義。一堅住性。若法始終。一類相續能持習氣。乃是所熏。此遮轉識及聲風等。性不堅住。故非所熏。二無記性。若法平等。無所違逆。能容習氣。乃是所熏。此遮善染勢力强盛。無所容納。故非所熏。由此如來第八淨識。唯帶舊種。非新受熏。三可熏性。若法自在。性非堅密。能受習氣。乃是所熏。此遮心所及無爲法。依他堅密。故非所熏。四與能熏共和合性。若與能熏同時同處。不卽不離。乃是所熏。此遮他身剎那前後。無和合義。故非所熏。唯異熟識具此四義。可是所熏。非心所等。

何等名爲能熏四義。一有生滅。若法非常。能有作用。生長習氣。乃是能熏。此遮無爲前後不變無生長用。故非能熏。二有勝用。若有生滅。勢力增盛。能引習氣。乃是能熏。此遮異熟心心所等。勢力羸劣。故非能熏。三有增減。若有勝用。可增可減。攝植習氣。乃是能熏。此遮佛果圓滿善法。無增無減。故非能熏。彼若能熏。便非圓滿。前後佛果。應有勝劣。四與所熏和合而轉。若與所熏同時同處。不卽不離。乃是能熏。此遮他身剎那前後。無和合義。故非能熏。唯七轉識及彼心所有勝勢用而增減者。具此四義。可是能熏。

如是能熏與所熏識俱生俱滅。熏習義成。令所熏中種子生長。如熏苣藤。故名熏習。能熏識等從種生時。即能爲因。復熏成種。三法展轉因果同時。如炷生燄。燄生燋炷。亦如蘆束更互相依。因果俱時理不傾動。能熏生種。種起現行。如俱有因得士用果。種子前後自類相生。如同類因引等流果。此二於果是因緣性。除此餘法皆非因緣。設名因緣應知假說。是謂略說一切種相。

此識行相所緣云何。謂不可知執受處了。了謂了別。即是行相。識以了別爲行相故。處謂處所。即器世間。

是諸有情所依處故。執受有二。謂諸種子及有根身。諸種子者。謂諸相名分別習氣。有根身者。謂諸色根及根依處。此二皆是識所執受。攝爲自體同安危故。執受及處俱是所緣。阿賴耶識因緣力故。自體生時內變爲種及有根身。外變爲器。即以所變爲自所緣。行相仗之而得起故。

此中了者。謂異熟識於自所緣有了別用。此了別用見分所攝。

然有漏識自體生時。皆似所緣能緣相現。彼相應法應知亦爾。似所緣相說名相分。似能緣相說名見分。

若心心所無所緣相。應不能緣自所緣境。或應一一能緣一切。自境如餘。餘如自故。若心心所無能緣相。應不能緣。如虛空等。或虛空等亦是能緣。故心心所必有二相。如契經說。

一切唯有覺　所覺義皆無　能覺所覺分
各自然而轉

執有離識所緣境者。彼說外境是所緣。相分名行相。見分名事。是心心所自體相故。心與心所同所依緣。行相相似。事雖數等。而相各異。識受想等相各別故。達無離識所緣境者。則說相分是所緣。見分名行相。

相見所依自體名事。卽自證分。此若無者。應不自憶心心所法。如不曾更境。必不能憶故。心與心所同所依根。所緣相似。行相各別。了別領納等作用各異故。事雖數等。而相各異。識受等體有差別故。然心心所一一生時。以理推徵。各有三分。所量能量量果別故。相見必有所依體故。如集量論伽他中說。

似境相所量　能取相自證　卽能量及果
此三體無別

又心心所。若細分別。應有四分。三分如前。復有第四證自證分。此若無者。誰證第三。心分既同。應皆證故。

又自證分。應無有果。諸能量者必有果故。不應見分是第三果。見分或時非量攝故。由此見分不證第三。證自體者必現量故。

此四分中。前二是外。後二是內。初唯所緣。後三通二。謂第二分但緣第一。或量非量或現或比。第三能緣第二第四。證自證分唯緣第三。非第二者。以無用故。第三第四皆現量攝。故心心所四分合成。具所能緣。無無窮過。非即非離。唯識理成。是故契經伽他中說。

衆生心二性　內外一切分　所取能取纏
見種種差別

此頌意說。衆生心性二分合成。若內若外。皆有所取能取纏縛。見有種種。或量非量。或現或比。多分差別。此中見者。是見分故。

如是四分。或攝爲三。第四攝入自證分故。或攝爲二。後三俱是能緣性故。皆見分攝。此言見者。是能緣義。或攝爲一。體無別故。如入楞伽伽他中說。

由自心執著　心似外境轉　彼所見非有
是故說唯心

如是處處說唯一心。此一心言。亦攝心所。故識行相。即是了別。了別即是識之見分。

所言處者。謂異熟識。由共相種成熟力故。變似色等
器世間相。即外大種及所造色。雖諸有情所變各別。
而相相似處所無異。如衆燈明各徧似一。誰異熟識
變爲此相。有義一切。所以者何。如契經說。一切有情
業增上力共所起故。有義若爾。諸佛菩薩應實變爲
此雜穢土。諸異生等應實變爲他方此界諸淨妙土。
又諸聖者厭離有色。生無色界必不下生。變爲此土
復何所用。是故現居及當生者。彼異熟識變爲此界。
經依少分說一切言。諸業同者皆共變故。有義若爾。
器將壞時既無現居及當生者。誰異熟識變爲此界。

又諸異生厭離有色。生無色界現無色身。預變爲土。
此復何用。設有色身與異地器麤細懸隔。不相依持。
此變爲彼亦何所益。然所變土本爲色身依持受用。
故若於身可有持用。便變爲彼。由是設生他方自地。
彼識亦得變爲此土。故器世間將壞初成。雖無有情。
而亦現有。此說一切共受用者。若別受用準此應知。
鬼人天等所見異故。

諸種子者。謂異熟識所持一切有漏法種。此識性攝。
故是所緣。無漏法種雖依附此識。而非此性攝。故非
所緣。雖非所緣。而不相離。如眞如性。不違唯識。有根

身者謂異熟識不共相種成熟力故。變似色根及根依處。即內大種及所造色。有共相種成熟力故。於他身處亦變似彼。不爾。應無受用他義。此中有義。亦變似根。辯中邊說。似自他身五根現故。有義唯能變似依處。他根於已非所用故。似自他身五根現者。說自他識各自變義。故生他地。或般涅槃。彼餘尸骸猶見相續。

前來且說業力所變外器內身界地差別。若定等力所變器身界地自他則不決定。所變身器多恆相續。變聲光等。多分暫時。隨現緣力擊發起故。略說此識

所變境者。謂有漏種十有色處及墮法處所現實色。何故此識不能變似心心所等爲所緣耶。有漏識變略有二種。一隨因緣勢力故變。二隨分別勢力故變。初必有用。後但爲境。異熟識變但隨因緣。所變色等必有實用。若變心等。便無實用。相分心等不能緣故。須彼實用別從此生。變無爲等亦無實用。故異熟識不緣心等。至無漏位。勝慧相應。雖無分別而澄淨故。設無實用亦現彼影。不爾。諸佛應非偏智。故有漏位。此異熟識但緣器身及有漏種。在欲色界具三所緣。無色界中緣有漏種。厭離色故無業果色。有定果色。

於理無違。彼識亦緣此色爲境。不可知者。謂此行相極微細故。難可了知。或此所緣內執受境亦微細故。外器世間量難測故。名不可知。云何是識取所緣境行相難知。如滅定中。不離身識。應信爲有。然必應許滅定有識。有情攝故。如有心時。無想等位。當知亦爾。

成唯識論卷第二

音釋

擾 而沼切亂也 炷 之戍切燈炷也 羸劣 羸力追切劣力輟切羸劣瘦弱也 苣藤 苣日許切藤詩證切苣藤胡麻也 骸 雄皆切骸骨也

成唯識論卷第三

護法等菩薩造

唐三藏法師玄奘奉　詔譯

此識與幾心所相應。常與觸作意受想思相應。阿賴耶識無始時來。乃至未轉。於一切位。恆與此五心所相應。以是徧行心所攝故。

觸謂三和分別變異。令心心所觸境爲性。受想思等所依爲業。謂根境識更相隨順。故名三和。觸依彼生令彼和合。故說爲彼。三和合位。皆有順生心所功能。說名變異。觸似彼起。故名分別根變異力。引觸起時勝彼識境。故集論等但說分別根之變異。和合一切

心及心所。令同觸境。是觸自性。既似順起心所功能。故以受等所依爲業。起盡經說受想行蘊一切皆以觸爲緣故。由斯故說識觸受等因二三四和合而生。瑜伽但說與受想思爲所依者。思於行蘊爲主勝故。舉此攝餘。集論等說爲受依者。以觸生受近而勝故。謂觸所取可意等相。與受所取順益等相極相鄰近。引發勝故。然觸自性是實非假。六六法中心所性故。是食攝故。能爲緣故。如受等性。非卽三和。

作意謂能警心爲性。於所緣境引心爲業。謂此警覺

應起心種。引令趣境。故名作意。雖此亦能引起心所。心是主故。但說引心。有說令心迴趣異境。或於一境持心令住。故名作意。彼俱非理。應非偏行。不異定故。

受謂領納順違俱非境相爲性。起愛爲業。能起合離非二欲故。有作是說。受有二種。一境界受。謂領所緣。二自性受。謂領俱觸。唯自性受。是受自相。以境界受。共餘相故。彼說非理。受定不緣俱生觸故。若似觸生名領觸者。似因之果應皆受性。又既受因。應名因受。何名自性。若謂如王食諸國邑。受能領觸所生受體。名自性受。理亦不然。違自所執不自證故。若不捨自

性。名自性受。應一切法皆是受自性。故彼所說但誘嬰兒。然境界受。非共餘相。領順等相定屬己者。名境界受。不共餘故。

想謂於境取像爲性。施設種種名言爲業。謂要安立境分齊相。方能隨起種種名言。

思謂令心造作爲性。於善品等役心爲業。謂能取境正因等相。驅役自心令造善等。

此五既是偏行所攝。故與藏識決定相應。其偏行相。後當廣釋。此觸等五與異熟識行相雖異。而時依同。所緣事等。故名相應。

此識行相極不明了不能分別違順境相微細一類相續而轉是故唯與捨受相應又此相應受唯是異熟隨先引業轉不待現緣任善惡業勢力轉故唯是捨受苦樂二受是異熟生非眞異熟待現緣故非此相應又由此識常無轉變有情恆執爲自內我若與苦樂二受相應便有轉變寧執爲我故此但與捨受相應若爾如何此識亦是惡業異熟既許善業能招捨受此亦應然捨受不違苦樂品故如無記法善惡俱招

如何此識非別境等心所相應互相違故謂欲希望

所樂事轉此識任運無所希望勝解印持決定事轉此識瞢昧無所印持念唯明記曾習事轉此識昧劣不能明記定能令心專注一境此識任運刹那別緣慧唯簡擇德等事轉此識微昧不能簡擇故此不與別境相應此識唯是異熟性故善染汙等亦不相應惡作等四無記性者有間斷故定非異熟

法有四種謂善不善有覆無記無覆無記阿賴耶識何法攝耶此識唯是無覆無記異熟性故異熟若是善染汙者流轉還滅應不得成又此識是善染依故若善染者互相違故應不與二俱作所依又此識是

所熏性故。若善染者。如極香臭。應不受熏。無熏習故。染淨因果俱不成立。故此唯是無覆無記。覆謂染法。障聖道故。又能蔽心令不淨故。此識非染。故名無覆。記謂善惡有愛非愛果及殊勝自體可記別故。此非善惡故名無記。

觸等亦如是者。謂如阿賴耶識唯是無覆無記性攝。觸作意受想思亦爾。諸相應法必同性故。又觸等五如阿賴耶亦是異熟所緣行相俱不可知。緣三種境。五法相應無覆無記。故說觸等亦如是言。有義觸等如阿賴耶亦是異熟及一切種。廣說乃至無覆無記。亦如是言無簡別故。彼說非理。所以者何。觸等依識不自在故。如貪信等不能受熏。如何同識能持種子。又若觸等亦能受熏應一有情有六種體。若爾果起從何種生。理不應言從六種起。未見多種生一芽故。若說果生唯從一種。則餘五種便為無用。亦不可說次第生果。熏習同時勢力等故。又不可說六果頓生。勿一有情一剎那頃六眼識等俱時生故。誰言觸等亦能受熏持諸種子。不爾如何觸等如識名一切種。謂觸等五有似種相名一切種。觸等與識所緣等故。無色觸等有所緣故。親所緣緣定應有故。此似種相。

不為因緣生現識等。如觸等上似眼根等非識所依。亦如似火無能燒用。彼救非理。觸等所緣似種等相。後執受處方應與識而相例故。由此前說一切種言。定目受熏能持種義。不爾。本頌有重言失。又彼所說亦如是言無簡別故咸相例者定不成證。勿觸等五亦能了別。觸等亦與觸等相應。由此故知亦如是者。隨所應說。非謂一切。

阿賴耶識為斷為常。非斷非常。以恒轉故。恒謂此識無始時來。一類相續常無間斷。是界趣生施設本故。性堅持種令不失故。轉謂此識無始時來。念念生滅

前後變異。因滅果生。非常一故。可為轉識熏成種故。恒言遮斷。轉表非常。猶如暴流。因果法爾。如暴流水。非斷非常。相續長時有所漂溺。此識亦爾。從無始來。生滅相續。非常非斷。漂溺有情令不出離。又如暴流。雖風等擊起諸波浪。而流不斷。此識亦爾。雖遇眾緣起眼識等。而恒相續。又如暴流漂水下上魚草等物。隨流不捨。此識亦爾。與內習氣外觸等法恒相隨轉。如是法喻意顯此識無始因果非斷常義。謂此識性無始時來剎那剎那果生因滅。果生故非斷。因滅故非常。非斷非常是緣起理。故說此識恒轉如流。過去

未來既非實有非常可爾非斷如何斷豈得成緣起
正理過去未來若是實有可許非斷如何非常常亦
不成緣起正理豈斥他過己義便成若不摧邪難以
顯正前因滅位後果即生如秤兩頭低昂時等如是
因果相續如流何假去來方成非斷因現有位後果
未生因是誰因果現有時前因已滅果是誰果既無
因果誰離斷常若有因時已有後果果既本有何待
前因因義既無果義寧有無因無果豈離斷常因果
義成依法作用故所詰難非預我宗體既本有用亦
應然所待因緣亦本有故由斯汝義因果定無應信

大乘緣起正理謂此正理深妙離言因果等言皆假
施設觀現在法有引後用假立當果對說現因觀現
在法有酬前相假立曾因對說現果假謂現識似彼
相現如是因果理趣顯然遠離二邊契會中道諸有
智者應順修學有餘部說雖無去來而有因果恆相
續義謂現在法極迅速者猶有初後生滅二時生時
酬因滅時引果時雖有二而體是一前因正滅後果
正生體相雖殊而俱是有如是因果非假施設然離
斷常又無前難誰有智者捨此信餘彼有虛言都無
實義何容一念而有二時生滅相違寧同現在滅若

現在生應未來有故名生既是現在無故名滅寧非
過去滅若非無生應非有生既現有滅應現無又二
相違如何體一非苦樂等見有是事生滅若一時應
無二生滅若異寧說體同故生滅時俱現在有同依
一體理必不成經部師等因果相續理亦不成彼不
許有阿賴耶識能持種故由此應信大乘所說因果
相續緣起正理
此識無始恆轉如流乃至何位當究竟捨阿羅漢位
方究竟捨謂諸聖者斷煩惱障究竟盡時名阿羅漢
爾時此識煩惱麤重永遠離故說之為捨此中所說

阿羅漢者通攝三乘無學果位皆已永害煩惱賊故
應受世間妙供養故永不復受分段生故云何知然
決擇分說諸阿羅漢獨覺如來皆不成就阿賴耶故
集論復說若諸菩薩得菩提時頓斷煩惱及所知障
成阿羅漢及如來故若爾菩薩煩惱種子未永斷盡
非阿羅漢應皆成就阿賴耶識何故即彼決擇分說
不退菩薩亦不成就阿賴耶識彼說二乘無學果位
迴心趣向大菩提者必不退起煩惱障故趣菩提故
即復轉名不退菩薩彼不成就阿賴耶識即攝在此
阿羅漢中故彼論文不違此義又不動地以上菩薩

一切煩惱永不行故。法駛流中任運轉故。能諸行中
起諸行故。刹那刹那轉增進故。此位方名不退菩薩。
然此菩薩雖未斷盡異熟識中煩惱種子。而緣此識
我見愛等不復執藏為自內我。由斯永捨阿賴耶名。
故說不成阿賴耶識。此亦說彼名阿羅漢。有義初地
以上菩薩已證二空所顯理故。已得二種殊勝智故。
已斷分別二重障故。能一行中起諸行故。雖為利益
起諸煩惱。而彼不作煩惱過失。故此亦名不退菩薩。
然此菩薩雖未斷盡俱生煩惱。而緣此識所有分別
我見愛等不復執藏為自內我。由斯亦捨阿賴耶名。

故說不成阿賴耶識。此亦說彼名阿羅漢。故集論中
作如是說。十地菩薩雖未永斷一切煩惱。然此煩惱。
猶如呪藥所伏諸毒不起一切煩惱過失。一切地中。
如阿羅漢已斷煩惱。故亦說彼名阿羅漢。彼說非理。
七地已前猶有俱生我見愛等執藏此識為自內我。
如何已捨阿賴耶名。若彼分別我見愛等不復執藏
說名為捨則預流等諸有學位亦應已捨阿賴耶名。
許便違害諸論所說地上菩薩所起煩惱皆由正知。
不為過失非預流等得有斯事寧可以彼例此菩薩。
彼六識中所起煩惱雖由正知不為過失而第七識

有漏心位。任運現行。執藏此識。寧不與彼預流等同。由此故知彼說非理。然阿羅漢斷此識中煩惱麤重究竟盡故。不復執藏阿賴耶識爲自內我。由斯永失阿賴耶名。說之爲捨。非捨一切第八識體。勿阿羅漢無識持種。爾時便入無餘涅槃。

然第八識雖諸有情皆悉成就。而隨義別立種種名。謂或名心。由種種法熏習種子所積集故。或名阿陀耶。執持種子及諸色根令不壞故。或名所知依。能與染淨所知諸法爲依止故。或名種子識。能偏任持世出世間諸種子故。此等諸名通一切位。或名阿賴耶。

攝藏一切雜染品法令不失故。我見愛等執藏以爲自內我故。此名唯在異生有學。非無學位不退菩薩。有雜染法執藏義故。或名異熟識。能引生死善不善業異熟果故。此名唯在異生二乘諸菩薩位。非如來地猶有異熟無記法故。或名無垢識。最極清淨諸無漏法所依止故。此名唯在如來地有。菩薩二乘及異生位持有漏種可受熏習。未得善淨第八識故。如契經說。

如來無垢識　是淨無漏界　解脫一切障

圓鏡智相應

阿賴耶名過失重故最初捨故此中偏說。異熟識體菩薩將得菩提時捨。聲聞獨覺入無餘依涅槃時捨。無垢識體無有捨時。利樂有情無盡時故。心等通故。隨義應說。

然第八識總有二位。一有漏位。無記性攝。唯與觸等五法相應。但緣前說執受處境。二無漏位。唯善性攝。與二十一心所相應。謂偏行別境各五善十一。與一切心恒相應故。常樂證知所觀境故。於所觀境恒印持故。於曾受境恒明記故。世尊無有不定心故。於一切法常決擇故。極淨信等常相應故。無染汙故。無散

動故。此亦唯與捨受相應。任運恒時平等轉故。以一切法為所緣境。鏡智偏緣一切法故。

云何應知此第八識離眼等識有別自體。聖教正理為定量故。謂有大乘阿毗達磨契經中說。

無始時來界　一切法等依　由此有諸趣
及涅槃證得

此第八識自性微細故以作用而顯示之。頌中初半顯第八識為因緣用。後半顯與流轉還滅作依持用。界是因義。即種子識。無始時來展轉相續親生諸法。故名為因。依是緣義。即執持識。無始時來與一切法

等為依止故名為緣謂能執持諸種子故與現行法
為所依故即變為彼及為彼依變為彼者謂變為器
及有根身為彼依者謂與轉識作所依止以能執受
五色根故眼等五識依之而轉又與末那為依止故
第六意識依之而轉末那意識轉識攝故如眼等識
依俱有根第八理應是識性故亦以第七為俱有依
是謂此識為因緣用由此有者由有此識有諸趣者
有善惡趣謂由有此第八識故執持一切順流轉法
令諸有情流轉生死雖惑業生皆是流轉而趣是果
勝故偏說或諸趣言通能所趣諸趣資具亦得趣名

諸惑業生皆依此識是與流轉作依持用及涅槃證
得者由有此識故有涅槃證得謂由有此第八識故
執持一切順還滅法令修行者證得涅槃此中但說
能證得道涅槃不依此識有故或此但說所證涅槃
是修行者正所求故或此雙說涅槃與道俱是還滅
品類攝故謂涅槃言顯所證滅後證得言顯能得道
由能斷道斷所斷惑究竟盡位證得涅槃能所斷證
皆依此識是與還滅作依持用又此頌中初句顯示
此識自性無始恆有後三顯與雜染清淨二法總別
為所依止雜染法者謂苦集諦即所能趣生及業惑

清淨法者。謂滅道諦。卽所能證涅槃及道。彼二皆依此識而有。依轉識等理不成故。或復初句顯此識體無始相續。後三顯與三種自性爲所依止。謂依他起、偏計所執、圓成實性。如次應知。今此頌中諸所說義，離第八識皆不得有。卽彼經中復作是說。

由攝藏諸法　一切種子識　故名阿賴耶

勝者我開示

由此本識具諸種子。故能攝藏諸雜染法。依斯建立阿賴耶名。非如勝性轉爲大等。種子與果體非一故。能依所依俱生滅故。與雜染法互相攝藏。亦爲有情執藏爲我。故說此識名阿賴耶。已入見道諸菩薩衆。得眞現觀名爲勝者。彼能證解阿賴耶識。故我世尊正爲開示。或諸菩薩皆名勝者。雖見道前未能證解阿賴耶識。而能信解求彼轉依。故亦爲說。非諸轉識有如是義。解深密經亦作是說。

阿陀那識甚深細　一切種子如暴流

我於凡愚不開演　恐彼分別執爲我

以能執持諸法種子。及能執受色根依處。亦能執取結生相續。故說此識名阿陀那。無性有情不能窮底。故說甚深。趣寂種性不能通達。故名甚細。是一切法眞實種子緣擊便生轉識波浪恒無間斷猶如暴流。凡卽無性。愚卽趣寂。恐彼於此起分別執。墮諸惡趣。障生聖道。故我世尊不爲開演。唯第八識有如是相。入楞伽經亦作是說。

如海遇風緣　起種種波浪　現前作用轉
無有間斷時　藏識海亦然　境等風所擊
恒起諸識浪　現前作用轉

眼等諸識無如大海恒相續轉起諸識浪。故知別有第八識性。此等無量大乘經中。皆別說有此第八識。諸大乘經皆順無我。違數取趣。棄背流轉。趣向還滅。

讚佛法僧。毀諸外道。表蘊等法。遮勝性等。樂大乘者許能顯示無顚倒理。契經攝故。如增壹等。至敎量攝。又聖慈氏以七種因證大乘經眞是佛說。一先不記故。若大乘經佛滅度後有餘爲壞正法故說。何故世尊非如當起諸可怖事先預記別。二本俱行故。大小乘敎本來俱行。寧知大乘獨非佛說。三非餘境故。大乘所說廣大甚深。非外道等思量境界。彼經論中曾所未說。設爲彼說。亦不信受。故大乘經非非佛說。四應極成故。若謂大乘是餘佛說。非今佛語。則大乘敎是佛所說。其理極成。五有無有故。若有大乘。卽應信此諸大乘教是佛所說。離此大乘不可得故。若無大乘。聲聞乘教亦應非有。以離大乘決定無有得成佛義。誰出於世說聲聞乘。故聲聞乘是佛所說。非大乘教。不應正理。六能對治故。依大乘經勤修行者。皆能引得無分別智。能正對治一切煩惱。故應信此是佛所說。七義異文故。大乘所說意趣甚深。不可隨文而取其義。便生誹謗謂非佛語。是故大乘眞是佛說。如莊嚴論頌此義言。

先不記俱行　非餘所行境　極成有無有
對治異文故

餘部經中亦密意說阿賴耶識有別自性。謂大衆部阿笈摩中密意說此名根本識。是眼識等所依止故。譬如樹根是莖等本。非眼等識有如是義。上坐部經分別論者俱密意說此名有分識。有謂三有。分是因義。唯此恒徧爲三有因。化地部說此名窮生死蘊。離第八識無別蘊法窮生死際無間斷時。謂無色界諸色間斷。無想天等餘心等滅。不相應行離色心等無別自體。已極成故。唯此識名窮生死蘊。說一切有部增壹經中亦密意說此名阿賴耶。謂愛阿賴耶。樂阿賴耶。欣阿賴耶。憙阿賴耶。謂阿賴耶識是貪總別三世境故立此四名有情執爲眞自內我乃至未斷恒生愛著故阿賴耶識是眞愛著處不應執餘五取蘊等謂生一向苦受處者於餘五取蘊不生愛著彼恆厭逆餘五取蘊念我何時當捨此命此衆同分此苦身心令我自在受快樂故五欲亦非眞愛著處謂離欲者於五妙欲雖不貪著而愛我故樂受亦非眞愛著處謂離第三靜慮染者雖厭樂受而愛我故身見亦非眞愛著處謂非無學信無我者雖於身見不生貪著而於內我猶生愛故轉識等亦非眞愛著處謂非無學求滅心者雖厭轉識等而愛我故色身亦非

眞愛著處離色染者雖厭色身而愛我故不相應行離色心等無別自體是故亦非眞愛著處異生有學起我愛時雖於餘蘊有愛非愛而於此識我愛定生故唯此是眞愛著處由是彼說阿賴耶名定唯顯此阿賴耶識

已引聖教當顯正理謂契經說雜染清淨諸法種子之所集起故名爲心若無此識彼持種心不應有故謂諸轉識在滅定等有間斷故根境作意善等類別易脫起故如電光等不堅住故非可熏習不能持種非染淨種所集起心此識一類恆無間斷如苣藤等

堅住可熏契當彼經所說心義若不許有能持種心
非但違經亦違正理謂諸所起染淨品法無所熏故
不熏成種則應所起唐捐其功染淨起時既無因種
應同外道執自然生色不相應非心性故如聲光等
理非染淨內法所熏豈能持種又彼離識無實自性
寧可執爲內種依止轉識相應諸心所法如識間斷
易脫起故不自在故非心性故不能持種亦不受熏
故持種心理應別有有說六識無始時來依根境等
前後分位事雖轉變而類無別是所熏習能持種子
由斯染淨因果皆成何要執有第八識性彼言無義

所以者何執類是實則同外道許類是假便無勝用
應不能持內法實種又執識類何性所攝若是善惡
應不受熏許有記故猶如擇滅若是無記善惡心時
無無記心此類應斷非事善惡類可無記別類必同
別事性故又無心位此類定無既有間斷性非堅住
如何可執持種受熏又阿羅漢或異生心識類同故
應爲諸染無漏法熏許便有失又眼等根或所餘法
與眼等識根法類同應互相熏然汝不許故不應執
識類受熏又六識身若事若類前後二念既不俱有
如隔念者非互相熏能熏所熏必俱時故執唯六識

俱時轉者。由前理趣既非所熏。故彼亦無能持種義。有執色心自類無間前為後種因果義立。故先所說為證不成。彼執非理。無熏習故。謂彼自類既無熏習。如何可執前為後種。又間斷者應不更生。二乘無學應無後蘊。死位色心為後種故。亦不應執色心展轉互為種生。轉識色等非所熏習。前已說故。有說三世諸法皆有。因果感赴無不皆成。何勞執有能持種識。然經說心為種子者。起染淨法勢用強故。彼說非理。過去未來非常非現。如空華等非實有故。又無作用。不可執為因緣性故。若無能持染淨種識。一切因果

皆不得成。有執大乘遣相空理為究竟者。依似比量。撥無此識及一切法。彼特違害前所引經。智斷證修。染淨因果皆執非實。成大邪見。外道毀謗染淨因果。亦不謂全無。但執非實故。若一切法皆非實有。菩薩不應為捨生死。精勤修集菩提資糧。誰有智者為除幻敵。求石女兒用為軍旅。故應信有能持種心。依之建立染淨因果。彼心即是此第八識。

又契經說。有異熟心善惡業感。若無此識。彼異熟心不應有故。謂眼等識有間斷故。非一切時是業果故。如電光等非異熟心。異熟不應斷已更續。彼命根等

無斷事故。眼等六識業所感者。猶如聲等。非恆續故。是異熟生。非眞異熟。定應許有眞異熟心。酬牽引業。徧而無斷。變爲身器。作有情依。身器離心。理非有故。不相應法。無實體故。諸轉識等。非恆有故。若無此心。誰變身器。復依何法。恆立有情。又在定中。或不在定。有別思慮。無思慮時。理有衆多身受生起。若無者。不應後時身有怡適或復勞損。若不恆有眞異熟心。彼位如何有此身受。非佛起餘善心等位。必應現起眞異熟心。如許起彼時非佛有情故。由是恆有眞異熟心。彼心卽是此第八識。

又契經說。有情流轉五趣四生。若無此識。彼趣生體不應有故。謂要實有恆徧無雜彼法。可立正實趣生。非異熟法趣生雜亂。住此起餘趣生法故。諸異熟色及五識中業所感者。不徧趣生。無色界中全無彼故。諸生得善及意識中業所感者。雖徧趣生起無雜亂。而不恆有。不相應行無實自體。皆不可立正實趣生。唯異熟心及彼心所。實恆徧無雜。是正實趣生。此心若無。生無色界起善等位。應非趣生。設許趣生攝諸有漏。生無色界起無漏心應非趣生。便違正理。勿有前過。及有此失。故唯異熟法是正實趣生。由是如來非趣生攝。佛無異熟無無記法故。亦非界攝。非有漏故。世尊已捨苦集諦故。諸戲論種已永斷故。正實趣生既唯異熟心及心所。彼心心所離第八識理不得成。故知別有此第八識。

又契經說有色根身是有執受。若無此識彼能執受不應有故。謂五色根及彼依處唯現在世是有執受。彼定由有能執受心。唯異熟心先業所引。非善染等。一類能徧相續執受有色根身。眼等轉識無如是義。此言意顯眼等轉識皆無一類能徧相續執受自內有色根身。非顯能執受唯異熟心。勿諸佛色身無執

受故。然能執受有漏色身唯異熟心。故作是說。謂諸轉識現緣起故。如聲風等。彼善染等非業引故。如非擇滅。異熟生者非異熟故。非徧依故。不相續故。如電光等。不能執受有漏色身。諸心識言亦攝心所。定相應故。如唯識言。非諸色根不相應行可能執受有色根身。無所緣故。如虛空等。故應別有能執受心。彼心即是此第八識。

又契經說壽煖識三更互依持得相續住。若無此識能持壽煖令久住識。不應有故。謂諸轉識有間有轉如聲風等無恆持用。不可立為持壽煖識。唯異熟識。

無間無轉猶如壽煖有恆持用故可立爲持壽煖識
經說三法更互依持而壽與煖一類相續唯識不然
豈符正理雖說三法更互依持而許唯煖不徧三界
何不許識獨有間轉此於前理非爲過難謂若是處
具有三法無間轉者可恆相持不爾便無恆相持用
前以此理顯三法中所說識言非詮轉識舉煖不徧
豈壞前理故前所說其理極成又三法中壽煖二種
既唯有漏故知彼識如壽與煖定非無漏生無色界
起無漏心爾時何識能持彼壽由此故知有異熟識
一類恆徧能持壽煖彼識卽是此第八識

又契經說諸有情類受生命終必住散心非無心定
若無此識生死時心不應有故謂生死時身心惛昧
如睡無夢極悶絕時明了轉識必不現起又此位中
六種轉識行相所緣不可知故如無心位必不現行
六種轉識行相所緣有必可知如餘時故眞異熟識
極微細故行相所緣俱不可了是引業果一期相續
恆無轉變是散有心名生死心不違正理有說五識
此位定無意識取境或因五識或因他教或定爲因
生位諸因既不可得故受生位意識亦無若爾有情
生無色界後時意識應永不生定心必由散意識引

五識他教彼界必無引定散心無由起故若謂彼定
由串習力後時率爾能現在前彼初生時寧不現起
又欲色界初受生時串習意識亦應現起若由惛昧
初未現前此即前因何勞別說有餘部執生死等位
別有一類微細意識行相所緣俱不可了應知即是
此第八識極成意識不如是故又將死時由善惡業
下上身分冷觸漸起若無此識彼事不成轉識不能
執受身故眼等五識各別依故或不行故第六意識
不住身故境不定故徧寄身中恆相續故不應冷觸
由彼漸生唯異熟心由先業力恆徧相續執受身分

捨執受處冷觸便生壽煖識三不相離故冷觸起處
即是非情雖變亦緣而不執受故知定有此第八識
又契經說識緣名色名色緣識如是二法展轉相依
譬如蘆束俱時而轉若無此識彼識自體不應有故
謂彼經中自作是釋名謂非色四蘊色謂羯邏藍等
此二與識相依而住如二蘆束更互為緣恆俱時轉
不相捨離眼等轉識攝在名中此識若無說誰為識
亦不可說名中識蘊謂五識身識謂第六羯邏藍時
無五識故又諸轉識有間轉故無力恆時執持名色
寧說恆與名色為緣故彼識言顯第八識

成唯識論卷第三

音釋

警（居影切戒也）誘（與久切引也）驅役（驅豈俱切驅逐也）瞢（母亘切不明也）漂溺（漂紕招切浮也溺奴歷切沒也）駛（爽士切疾也）誹謗（誹敷尾切非議謗補曠切訕也）莖（何耕切枝柱也）惛（呼昆切心不明了也）串（古患切與慣同）

成唯識論卷第四

護法等菩薩造

唐三藏法師玄奘奉　詔譯

又契經說。一切有情皆依食住。若無此識彼識食體不應有故。謂契經說食有四種。一者段食。變壞爲相。謂欲界繫香味觸三。於變壞時能爲食事。由此色處非段食攝。以變壞時色無用故。二者觸食。觸境爲相。謂有漏觸纔取境時。攝受喜等能爲食事。此觸雖與諸識相應。屬六識者食義偏勝。觸麤顯境攝受喜樂及順益捨資養勝故。三意思食。希望爲相。謂有漏思

與欲俱轉希可愛境能爲食事。此思雖與諸識相應屬意識者食義偏勝。意識於境希望勝故。四者識食。執持爲相。謂有漏識由段觸思勢力增長能爲食事。此識雖通諸識自體。而第八識食義偏勝。一類相續執持勝故。由是集論說此四食三蘊五處十一界攝。此四能持有情身命令不壞斷故名爲食。段食唯於欲界有用。觸意思食雖徧三界。而依識轉隨識有無。眼等轉識有間有轉非徧恆時能持身命。謂無心定熟眠悶絕無想天中有間斷故。設有心位隨所依緣性界地等有轉易故。於持身命非徧非恆。諸有執無

第八識者依何等食經作是言一切有情皆依食住。非無心位過去未來識等爲食彼非現常如空華等無體用故設有體用非現在攝如虛空等非食性故。亦不可說入定心等與無心位有情爲食住無心時彼已滅故過去非食已極成故又不可說無想定等不相應行卽爲彼食段等四食所不攝故不相應法非實有故有執滅定等猶有第六識於彼有情能爲食事彼執非理後當廣破又彼應說生上二界無漏心時以何爲食無漏識等破壞有故於彼身命不可爲食亦不可執無漏識中有有漏種能爲彼食無漏識等猶如涅槃不能執持有漏種故復不可說上界有情身命相持卽互爲食四食不攝彼身命故又無色無身命無能持故衆同分等無實體故由此定知異諸轉識有異熟識一類恒徧執持身命令不壞斷。世尊依此故作是言一切有情皆依食住唯依取蘊建立有情佛無有漏非有情攝說爲有情依食住者當知皆依示現而說既異熟識是勝食性彼識卽是此第八識。

又契經說住滅定者身語心行無不皆滅而壽不滅。亦不離煖根無變壞識不離身若無此識住滅定者不離身識。不應有故。謂眼等識行相麤動。於所緣境起必勞慮。厭患彼故。暫求止息。漸次伏除至都盡位。依此位立住滅定者。故此定中彼識皆滅。若不許有微細一類恒徧執持壽等識在。依何而說識不離身。若謂後時彼識還起。如隔日瘧名不離身。是則不應說心行滅。識與想等起滅同故。壽煖諸根應亦如識。便成大過。故應許識如壽煖等實不離身。又此位中若全無識。應如瓦礫非有情數。豈得說爲住滅定者。又異熟識此位若無。誰能執持諸根壽煖。無執持故。皆應壞滅。猶如死屍便無壽等。既爾後識必不還生。

說不離身彼何所屬。諸異熟識捨此身已離託餘身。無重生故。又若此位無持種識。後識無種。如何得生。過去未來不相應法。非實有體已極成故。諸色等法離識皆無。受熏持種亦已遮故。然滅定等無心位中。如有心位定實有識。具根壽煖有情攝故。由斯理趣。住滅定者決定有識實不離身。若謂此位有第六識。名不離身亦不應理。此定亦名無心定故。若無五識名無心者。應一切定皆名無心。諸定皆無五識身故。意識攝在六轉識中。如五識身滅定非有。或此位識行相所緣不可知故。如壽煖等非第六識。若此位有

行相所緣可知識者應如餘位非此位攝本爲止息
行相所緣可了知識入此定故又若此位有第六識
彼心所法爲有爲無若有心所經不應言住此定者
心行皆滅又不應名滅受想定此定加行但厭受想
故此定中唯受想滅受想二法資助心强諸心所中
獨名心行說心行滅何所相違無想定中應唯想滅
但厭想故然汝不許既唯受想資助心强此二滅時
心亦應滅如身行滅而身猶在寧要責心令同行滅
若爾語行尋伺滅時語應不滅而非所許然行於法
有偏非偏偏行滅時法定隨滅非偏行滅法或猶在

非偏行者謂入出息見息滅時身猶在故尋伺於語
是偏行攝彼若滅時語定無故受想於心亦偏行攝
許如思等大地法故受想滅時心定隨滅如何可說
彼滅心在又許思等是大地法滅受想時彼亦應滅
既爾信等此位亦無非偏行滅餘可在故如何可言
有餘心所既許思等此位非無受想應然大地法故
又此定中若有思等亦應有觸餘心所法無不皆依
觸力生故若許有觸亦應有受觸緣受故既許有受
想亦應生不相離故如受緣愛非一切受皆能起愛
故觸緣受非一切觸皆能生受由斯所難其理不成

彼救不然有差別故謂佛自簡唯無明觸所生諸受爲緣生愛曾無有處簡觸生受故若有觸必有受生受與想俱其理決定或應如餘位受想亦不滅執此位中有思等故許便違害心行滅言亦不得成滅受想定若無心所識亦應無不見餘心離心所故餘徧行滅法隨滅故受等應非大地法故此識應非相應法故許則應無所依緣等如色等法亦非心故又契經說意法爲緣生於意識三和合觸與觸俱起有受想思若此定中有意識者三和合故必應有觸觸既定與受想思俱如何有識而無心所若謂餘時三和

有力成觸生觸能起受等由此定前厭患心所故在定位三事無能不成生觸亦無受等若爾應名滅心所定如何但說滅受想耶若謂厭時唯厭受想此二滅故心所皆滅依前所厭以立定名既爾此中心亦應滅所厭俱故如餘心所不爾如何名無心定又此定位意識是何不應是染或無記性諸善定中無此事故餘染無記心必有心所故不應厭善起染等故非求寂靜翻起散故若謂是善相應善故應無貪等善根相應此心不應是自性善或勝義善違自宗故非善根等及涅槃故若謂此心是等起善加行善根

所引發故理亦不然違自宗故如餘善心非等起故
善心無間起三性心如何善心由前等起故心是善
由相應力既爾必與善根相應寧說此心獨無心所
故無心所心亦應無如是推徵眼等轉識於滅定位
非不離身故契經言不離身者彼識即是此第八識
入滅定時不爲止息此極寂靜執持識故無想等位
類此應知
又契經說心雜染故有情雜染心清淨故有情清淨
若無此識彼染淨心不應有故謂染淨法以心爲本
因心而生依心住故心受彼熏持彼種故然雜染法

略有三種煩惱業果種類別故若無此識持煩惱種
界地往還無染心後諸煩惱起皆應無因餘法不能
持彼種故過去未來非實有故若諸煩惱無因而生
則無三乘學無學果諸已斷者皆應起故若無此識
持業果種界地往還異類法後諸業果起亦應無因
餘種餘因前已遮故若諸業果無因而生入無餘依
涅槃界已三界業果還復應生煩惱亦應無因生故
又行緣識應不得成轉識受熏前已遮故結生染識
非行感故應說名色行爲緣故時分懸隔無緣義故
此不成故後亦不成諸清淨法亦有三種世出世道

斷果別故。若無此識持世出世清淨道種。異類心後起彼淨法。皆應無因。所執餘因前已破故。若二淨道無因而生。入無餘依涅槃界已。彼二淨道還復應生。所依亦應無因生故。又出世道初不應生。無法持彼法爾種故。有漏類別。非彼因故。無因而生。非識種故。初不生故。後亦不生。是則應無三乘道果。若無此識持煩惱種。轉依斷果亦不得成。謂道起時現行煩惱及彼種子俱非有故。染淨二心不俱起故。道相應心不持彼種。自性相違如涅槃故。去來得等非實有故。餘法持種理不成故。既無所斷。能斷亦無。依誰由誰而立斷果。若由道力後惑不生立斷果者。則初道起應成無學。後諸煩惱皆已無因永不生故。許有此識一切皆成。唯此能持染淨種故。

證此識有理趣無邊。恐厭繁文略述綱要。別有此識教理顯然。諸有智人應深信受。

如是已說初能變相。第二能變其相云何。頌曰。

◎次第二能變◎是識名末那◎依彼轉緣彼
◎思量為性相◎四煩惱常俱◎謂我癡我見
◎并我慢我愛◎及餘觸等俱◎有覆無記攝
◎隨所生所繫◎阿羅漢滅定◎出世道無有

論曰。次初異熟能變識後。應辯思量能變識相。是識聖教別名末那。恆審思量勝餘識故。此名何異第六意識。此持業釋。如藏識名。識即意故。彼依主釋。如眼識等。識異意故。然諸聖教恐此濫彼。故於第七但立意名。又標意名。爲簡心識。積集了別劣餘識故。或欲顯此與彼意識爲近所依故。但名意。

依彼轉者。顯此所依。彼謂即前初能變識。聖說此識依藏識故。有義。此意以彼識種。而爲所依。非彼現識。此無間斷。不假現識爲俱有依方得生故。有義。此意以彼識種及彼現識。俱爲所依。雖無間斷。而有轉易名轉識故。必假現識爲俱有依。方得生故。轉謂流轉。顯示此識恆依彼識取所緣故。

諸心心所皆有所依。然彼所依總有三種。一因緣依。謂自種子。諸有爲法皆託此依。離自因緣必不生故。二增上緣依。謂內六處。諸心心所皆託此依。離俱有根必不轉故。三等無間緣依。謂前滅意。諸心心所皆託此依。離開導根必不起故。唯心心所具三所依。名有所依。非所餘法。

初種子依。有作是說。要種滅已。現果方生。無種已生。集論說故。種與芽等不俱有故。有義。彼說爲證不成。

彼依引生後種說故。種生芽等非勝義故。種滅芽生非極成故。燄炷同時互爲因故。然種自類因果不俱。種現相生決定俱有。故瑜伽說無常法與他性爲因。亦與後念自性爲因。是因緣義。自性言顯種子自類前爲後因。他性言顯種與現行互爲因義。攝大乘論亦作是說藏識染法互爲因緣。猶如束蘆俱時而有。又說種子與果必俱。故種子依定非前後。設有處說種果前後應知皆是隨轉理門如是八識及諸心所。定各別有種子所依。

次俱有依。有作是說眼等五識意識爲依。此現起時必有彼故。無別眼等爲俱有依。眼等五根即種子故。二十唯識伽他中言。

識從自種生　似境相而轉　爲成內外處
佛說彼爲十

彼頌意說世尊爲成十二處故說五識種爲眼等根。五識相分爲色等境。故眼等根即五識種。觀所緣論亦作是說。

識上色功能　名五根應理　功能與境色
無始互爲因

彼頌意言異熟識上能生眼等色識種子名色功能。

說爲五根。無別眼等。種與色識常互爲因。能熏與種遞爲因故。第七八識無別此依。恆相續轉。自力勝故。第六意識別有此依。要託末那而得起故。有義彼說理教相違。若五色根卽五識種。十八界種應成雜亂。然十八界各別有種。諸聖教中處處說故。又五識種各有能生相見分異。爲執何等名眼等根。若見分種應識蘊攝。若相分種應外處攝。便違聖教眼等五根皆是色蘊內處所攝。又若五根卽五識種。五根應是五識因緣。不應說爲增上緣攝。又鼻舌根卽二識種。則應鼻舌唯欲界繫。或應二識通色界繫。許便俱與

聖教相違。眼耳身根卽三識種。二地五地爲難亦然。又五識種既通善惡。應五色根非唯無記。又五識種無執受攝。五根亦應非有執受。又五色根若五識種。應意識種卽是末那。彼以五根爲同法故。又瑜伽論說眼等識皆具三依。若五色根卽五識種。依但應二。又諸聖教說眼等根皆通現種。執唯是種便與一切聖教相違。有避如前所說過難。朋附彼執復轉救言。異熟識中能感五識增上業種名五色根。非作因緣生五識種。妙符二頌。善順瑜伽。彼有虛言都無實義。應五色根非無記故。又彼應非唯有執受唯色蘊攝。

唯內處故。鼻舌唯應欲界繫故。三根不應五地繫故。感意識業應末那故。眼等不應通現種故。又應眼等非色根故。又若五識皆業所感。則應一向無記性攝。善等五識既非業感應無眼等爲俱有依。故彼所言非爲善救。又諸聖教處處皆說阿賴耶識變似色根及根依處器世間等。如何汝等撥無色根。許眼等識變似色等不許眼等藏識所變。如斯迷謬深違教理。然伽他說種子功能名五根者。爲破離識實有色根。於識所變似眼根等。以有發生五識用故。假名種子及色功能。非謂色根即識業種。又緣五境明了意識應以五識爲俱有依。以彼必與五識俱故。若彼不依眼等識者。彼應不與五識爲依。彼此相依勢力等故。又第七識雖無間斷。而見道等既有轉易。應如六識有俱有依。不爾彼應非轉識攝。便違聖教轉識有七。故應許彼有俱有依。此即現行第八識攝。如瑜伽說。有藏識故得有末那。末那爲依意識得轉。彼論意言現行藏識爲依止故得有末那。非由彼種。不爾應說有藏識故意識得轉。由此彼說理教相違。是故應言前五轉識一一定有二俱有依。謂五色根同時意識。第六轉識決定恆有一俱有依。謂第七識。若與五識

俱時起者亦以五識爲俱有依第七轉識決定唯有
一俱有依謂第八識唯第八識恆無轉變自能立故
無俱有依有義此說猶未盡理第八類餘既同識性
如何不許有俱有依第七八識既恆俱轉更互爲依
斯有何失許現起識以種爲依識種亦應許依現識
能熏異熟爲生長住依識種離彼不生長住故又異
熟識有色界中能執持身依色根轉如契經說阿賴
耶識業風所飄徧依諸根恆相續轉瑜伽亦說眼等
六識各別依故不能執受有色根身若異熟識不徧
依止有色諸根應如六識非能執受或所立因有不

定失是故藏識若現起者定有一依謂第七識在有
色界亦依色根若識種子定有一依謂異熟識初熏
習位亦依能熏餘如前說

有義前說皆不應理未了所依與依別故依謂一切
有生滅法仗因託緣而得生住諸所仗託皆說爲依
如王與臣互相依等若法決定有境爲主令心心所
取自所緣乃是所依即內六處餘非有境定爲主故
此但如王非如臣等故諸聖教唯心心所名有所依
非色等法無所緣故但說心所心爲所依不說心所
爲心所依彼非主故然有處說依爲所依或所依爲

依皆隨宜假說。由此五識俱有所依定有四種。謂五
色根。六七八識。隨闕一種必不轉故。同境。分別。染淨。
根本所依別故。聖教唯說依五根者。以不共故。又必
同境近相順故。第六意識俱有所依唯有二種。謂七
八識。隨闕一種必不轉故。雖五識俱取境明了。而不
定有故非所依。聖教唯說依第七者。染淨依故。同轉
識攝近相順故。第七意識俱有所依但有一種。謂第
八識。藏識若無定不轉故。如伽他說。

阿賴耶為依　故有末那轉　依止心及意
餘轉識得生

阿賴耶識俱有所依亦但一種。謂第七識。彼識若無
定不轉故。論說藏識恒與末那俱時轉故。又說藏識
恒依染汙。此即末那。而說三位無末那者。依有覆說。
如言四位無阿賴耶。非無第八。此亦應爾。雖有色界
亦依五根。而不定有。非所依攝。識種不能現取自境。
可有依義。而無所依。心所所依隨識應說。復各加自
相應之心。若作是說。妙符理教。

後開導依。有義五識自他前後不相續故。必第六識
所引生故。唯第六識為開導依。第六意識自相續故。
亦由五識所引生故。以前六識為開導依。第七八識

自相續故不假他識所引生故但以自類爲開導依
有義前說未有究理且前五識未自在位遇非勝境
可如所說若自在位如諸佛等於境自在諸根互用
任運決定不假尋求彼五識身寧不相續等流五識
既爲決定染淨作意勢力引生專注所緣未能捨頃
如何不許多念相續故瑜伽說決定心後方有染淨
此後乃有等流眼識善不善轉而彼不由自分別力
乃至此意不趣餘境經爾所時眼意二識或善或染
相續而轉如眼識生乃至身識應知亦爾彼意定顯
經爾所時眼意二識俱相續轉既眼識時非無意識

故非二識互相續生若增盛境相續現前逼奪身心
不能暫捨時五識身理必相續如熱地獄戲忘天等
故瑜伽言若此六識爲彼六識等無間緣即施設此
名爲意根若五識前後定唯有意識彼論應言若此
一識爲彼六識等無間緣或彼應言若此六識爲彼
一識等無間緣既不如是故知五識有相續義五識
起時必有意識能引後念意識令起何假五識爲開
導依無心睡眠悶絕等位意識斷已後復起時藏識
末那既恆相續亦應與彼爲開導依若彼用前自類
開導五識自類何不許然此既不然彼云何爾平等

性智相應末那初起必由第六意識亦應用彼為開導依圓鏡智俱第八淨識初必六七方便引生又異熟心依染汙意或依悲願相應善心既爾必應許第八識亦以六七為開導依由此彼言都未究理應說五識前六識內隨用何識為開導依第六意識用前自類或第七八為開導依第七末那用前自類或第六識為開導依阿陀那識用前自類及第六七為開導依皆不違理由前說故

有義此說亦不應理開導依者謂有緣法為主能作等無間緣此於後生心心所法開避引導名開導依

此但屬心非心所等若此與彼無俱起義說此於彼有開導力一身八識既容俱起如何異類為開導依若許為依應不俱起便同異部心不並生又一身中諸識俱起多少不定若容互作等無間緣色等應爾便違聖說等無間緣唯心心所然攝大乘說色亦容有等無間緣者是縱奪言謂假縱小乘色心前後有等無間緣奪因緣故不爾等言應成無用若謂等言非遮多少但表同類便違汝執異類識作等無間緣是故八識各唯自類為開導依深契教理自類必無俱起義故心心所此依應隨識說雖心心所異類並生

而互相應和合似一。定俱生滅。事業必同。一開導時。
餘亦開導。故展轉作等無間緣。諸識不然。不應爲例。
然諸心所非開導依。於所引生無主義故。若心心所
等無間緣各唯自類。第七八識初轉依時相應信等
此緣便闕。則違聖說諸心心所皆四緣生。無心睡眠
悶絕等位。意識雖斷。而後起時彼開導依。卽前自類。
間斷五識應知亦然。無自類心於中爲隔名無間故。
彼先滅時已於今識爲開導故。何煩異類爲開導依。
然聖教中說前六識互相引起。或第七八依六七生。
皆依殊勝增上緣說。非等無間故不相違。瑜伽論說

若此識無間。諸識決定生。說此爲彼等無間緣。又此
六識爲彼六識等無間緣。卽施設此名意根者。言總
意別。亦不相違。故自類依深契教理。
傍論已了。應辯正論。此能變識雖具三所依而依彼
轉言但顯前二。爲顯此識依緣同故。又前二依有勝
用故。或開導依易了知故。
如是已說此識所依。所緣云何。謂卽緣彼。彼謂卽前
此所依識。聖說此識緣藏識故。
有義此意緣彼識體及相應法。論說末那我我所執
恆相應故。謂緣彼體及相應法。如次執爲我及我所。

然諸心所不離識故。如唯識言。無違教失。有義彼說理不應然。曾無處言緣觸等故。應言此意但緣彼識見及相分。如次執爲我及我所。相見俱以識爲體故。不違聖說。有義此說亦不應理。五色根境非識蘊故。應同五識亦緣外故。應如意識緣共境故。應生無色者不執我所故。厭色生彼不變色故。應說此意但緣藏識及彼種子。如次執爲我及我所。以種卽是彼識功能非實有物。不違聖教。

有義前說皆不應理。色等種子非識蘊故。論說種子是實有故。假應如無非因緣故。又此識俱薩迦耶見。

任運一類恆相續生。何容別執有我我所。無一心中有斷常等二境別執俱轉義故。亦不應說二執前後。此無始來一味轉故。應知此意但緣藏識見分非餘。彼無始來一類相續似常一故。恆與諸法爲所依故。此唯執彼爲自內我。乘語勢故說我所言。或此執彼是我之我。故於一見義說二言。若作是說善順教理。多處唯言有我見故。我我所執不俱起故。未轉依位唯緣藏識。旣轉依已亦緣眞如及餘諸法。平等性智證得十種平等性故。知諸有情勝解差別。示現種種佛影像故。此中且說未轉依時。故但說此緣彼藏識。

悟迷通局理應爾故無我我境徧不徧故如何此識
緣自所依如有後識卽緣前意彼既極成此亦何咎
頌言思量爲性相者雙顯此識自性行相意以思量
爲自性故卽復用彼爲行相故由斯兼釋所立別名
能審思量名末那故未轉依位恆審思量所執我相
已轉依位亦審思量無我相故

此意相應有幾心所且與四種煩惱常俱此中俱言
顯相應義謂從無始至未轉依此意任運恆緣藏識
與四根本煩惱相應其四者何謂我癡我見并我慢
我愛是名四種我癡者謂無明愚於我相迷無我理

故名我癡我見者謂我執於非我法妄計爲我故名
我見我慢者謂倨傲恃所執我令心高舉故名我慢
我愛者謂我貪於所執我深生耽著故名我愛并表
慢愛有見慢俱遮餘部執無相應義此四常起擾濁
內心令外轉識恆成雜染有情由此生死輪迴不能
出離故名煩惱

彼有十種此何唯四有我見故餘見不生無一心中
有二慧故如何此識要有我見二取邪見但分別生
唯見所斷此俱煩惱唯是俱生修所斷故我所邊見
依我見生此相應見不依彼起恆內執有我故要有

我見。由見審決。疑無容起。愛著我故。瞋不得生。故此識俱煩惱唯四。見慢愛三。如何俱起。行相無違。俱起何失。瑜伽論說貪令心下。慢令心舉。寧不相違。分別俱生。外境內境。所陵所恃。麤細有殊。故彼此文義無乖返。

此意心所唯有四耶。不爾。及餘觸等俱故。有義此意心所唯九。前四及餘觸等五法。即觸作意受想與思。意與遍行定相應故。前說觸等異熟識俱。恐謂同前亦是無覆。顯此異彼。故置餘言。及是集義。前四後五。合與末那恒相應故。此意何故無餘心所。謂欲希望

未遂合事。此識任運緣遂合境。無所希望。故無有欲。勝解印持曾未定境。此識無始恒緣定事。經所印持。故無勝解。念唯記憶曾所習事。此識恒緣現所受境。無所記憶。故無有念。定唯繫心專注一境。此識任運刹那別緣。既不專一。故無有定。慧即我見。故不別說。善是淨故。非此識俱。隨煩惱生。必依煩惱前後分位差別建立。此識恒與四煩惱俱。前後一類。分位無別。故此識俱無隨煩惱。惡作追悔先所造業。此識任運恒緣現境。非悔先業。故無惡作。睡眠必依身心重昧。外眾緣力有時暫起。此識無始一類內執。不假外緣。

故彼非有尋伺俱依外門而轉。淺深推度麤細發言。
此識唯依內門而轉。一類執我。故非彼俱。有義彼釋
餘義非理。頌別說此有覆攝故。又闕意俱隨煩惱故
煩惱必與隨煩惱俱。故此餘言顯隨煩惱。
此中有義。五隨煩惱徧與一切染心相應。如集論說
惛沈掉舉不信懈怠放逸於一切染汙品中恒共相
應。若離無堪任性等。染汙性成無是處故。煩惱起時
心既染汙。故染心位必有彼五。煩惱若起必由無堪
任囂動不信懈怠放逸故。掉舉雖徧一切染心而貪
位增但說貪分。如眠與悔雖徧三性心而癡位增但

說為癡分。雖餘處說有隨煩惱或六或十徧諸染心。
而彼俱依別義說徧。非彼實徧一切染心。謂依二十
隨煩惱中。解通麤細無記不善通障定慧相顯說六。
依二十二隨煩惱中。解通麤細二性說十。故此彼說
非互相違。然此意俱心所十五。謂前九法五隨煩惱
并別境慧。我見雖是別境慧攝而五十一心所法中。
義有差別。故開為二。何緣此意無餘心所。謂忿等十。
行相麤動。此識審細。故非彼俱。無慚無愧唯是不善。
此無記故。非彼相應。散亂令心馳流外境。此恒內執
一類境生。不外馳流。故彼非有。不正知者謂起外門

身語意行違越軌則。此唯內執故。非彼俱無餘心所。
義如前說。

有義應說六隨煩惱徧與一切染心相應。瑜伽論說不信懈怠放逸忘念散亂惡慧一切染心皆相應故。忘念散亂惡慧若無心必不能起諸煩惱。要緣曾受境界種類發起忘念及邪簡擇方起貪等諸煩惱故。煩惱起時心必流蕩皆由於境起散亂故。惛沈掉舉行相互違非諸染心皆能徧起。論說五法徧染心者。解通麤細違唯善法。純隨煩惱通二性故。說十徧言。義如前說。然此意俱心所十九。謂前九法六隨煩惱

并念定慧及加惛沈。此別說念準前慧釋。并有定者專注一類所執我境曾不捨故。加惛沈者謂此識俱無明尤重心惛沈故。無掉舉者此相違故。無餘心所如上應知。

有義復說十隨煩惱徧與一切染心相應。瑜伽論說放逸掉舉惛沈不信懈怠邪欲邪勝解邪念散亂不正知。此十一切染汙心起通一切處三界繫故。若無邪欲邪勝解時。心必不能起諸煩惱。於所受境要樂合離印持事相方起貪等諸煩惱故。諸疑理者於色等事必無猶豫。故疑相應亦有勝解。於所緣事亦猶

豫者非煩惱疑。如疑人杌。餘處不說此二徧者。緣非愛事疑相應心。邪欲勝解非麤顯故。餘互有無義如前說。此意心所有二十四。謂前九法。十隨煩惱。加別境五。準前理釋。無餘心所。如上應知。

有義前說皆未盡理。且疑他世為有為無。於彼有何欲勝解相。煩惱起位若無惛沈。應不定有無堪任性。掉舉若無應無囂動。便如善等非染汙位。若染心中無散亂者。應非流蕩非染汙心。若無失念不正知者。如何能起煩惱現前。故染汙心決定皆與八隨煩惱相應而生。謂惛沈掉舉不信懈怠放逸忘念散亂不

正知。忘念不正知。念慧為性者。不徧染心。非諸染心。皆緣曾受有簡擇故。若以無明為自性者。徧染心起。由前說故。然此意俱心所十八。謂前九法。八隨煩惱并別境慧。無餘心所及論三文。準前應釋。若作是說不違理教。

成唯識論卷第四

音釋

瘧魚約切店病也　礫郎擊切小石也　繁符袁切多也　濫盧瞰切汎濫也　燄以贍切火光也　炷之戍切燈炷也　囂許嬌切喧也　杌五骨切木無枝也

成唯識論卷第五

護法等菩薩造

唐三藏法師玄奘奉　詔譯

此染汙意何受相應。有義此俱唯有喜受。恆內執我生喜愛故。有義不然。應許喜受乃至有頂。違聖言故。應說此意四受相應。謂生惡趣憂受相應。緣不善業所引果故。生人欲天初二靜慮喜受相應。緣有喜地善業果故。第三靜慮樂受相應。緣有樂地善業果故。第四靜慮乃至有頂捨受相應。緣唯捨地善業果故。有義彼說亦不應理。此無始來任運一類緣內執我。

恆無轉易。與變異受不相應故。又此末那與前藏識義有異者。皆別說之。若四受俱亦應別說。既不別說。定與彼同。故此相應唯有捨受。未轉依位與前所說心所相應。已轉依位唯二十一心所俱起。謂徧行別境各五。善十一。如第八識已轉依位唯捨受俱。任運轉故。恆於所緣平等轉故。

末那心所何性所攝。有覆無記所攝非餘。此意相應四煩惱等是染法故。障礙聖道。隱蔽自心。說名有覆。非善不善故名無記。如上二界諸煩惱等定力攝藏是無記攝。此俱染法所依細故。任運轉故。亦無記攝。

若已轉依唯是善性。
末那心所何地繫耶。隨彼所生彼地所繫謂生欲界現行末那相應心所。即欲界繫。乃至有頂應知亦然。任運恆緣自地藏識執爲內我非他地故。若起彼地異熟藏識現在前者名生彼地。染汙末那緣彼執我。即繫屬彼。名彼所繫。或爲彼地諸煩惱等之所繫縛名彼所繫若已轉依即非所繫。
此染汙意無始相續何位永斷或暫斷耶。阿羅漢滅定。出世道無有。阿羅漢者總顯三乘無學果位。此位染意種及現行俱永斷滅。故說無有。學位滅定出世

道中俱暫伏滅。故說無有。謂染汙意無始時來微細一類任運而轉。諸有漏道不能伏滅。三乘聖道有伏滅義。眞無我解違我執故。後得無漏現在前時是彼等流。亦違此意。眞無我解及後所得俱無漏故名出世道。滅定既是聖道等流。極寂靜故此亦非有。由未永斷此種子故從滅盡定聖道起已。此復現行乃至未滅。然此染意相應煩惱是俱生故非見所斷是染汙故非非所斷。極微細故所有種子與有頂地下下煩惱。一時頓斷。勢力等故金剛喻定現在前時頓斷此種成阿羅漢。故無學位永不復起二乘無學迴趣

大乘從初發心至未成佛。雖實是菩薩。亦名阿羅漢。應義等故。不別說之。

此中有義末那唯有煩惱障俱。聖教皆言三位無故。又說四惑恆相應故。又說為識雜染依故。有義彼說教理相違。出世末那經說有故。無染意識。如有染時。定有俱生不共依故。論說藏識決定恆與一識俱轉。所謂末那。意識起時。則二俱轉。所謂意識及與末那。若五識中隨起一識。則三俱轉。乃至或時頓起五識。則七俱轉。若住滅定。無第七識。爾時藏識應無識俱。便非恆定一識俱轉。住聖道時。若無第七。爾時藏識應一識俱。如何可言若起意識爾時藏識定二俱轉。顯揚論說。末那恆與四煩惱相應。或翻彼相應恃舉為行。或平等行。故知此意通染不染。若由論說阿羅漢位無染意故便無第七。應由論說阿羅漢位捨賴耶故便無第八。彼既不爾。此云何然。又諸論言轉第七識得平等智。彼如餘智。定有所依相應淨識。此識無者。彼智應無。非離所依有能依故。不可說彼依六轉識。許佛恆行如鏡智故。又無學位若無第七識。彼第八識應無俱有依。然必有此依。如餘識性故。又如未證補特伽羅無我者。彼我執恆行。亦應未證法無我者法我執恆行。此識若無。彼依何識。非依第八。彼無慧故。由此應信二乘聖道滅定無學。此識恆行。彼未證得法無我故。又諸論中以五同法證有第七爲第六依。聖道起時及無學位若無第七爲第六依。所立宗因便俱有失。或應五識亦有無依。五恆有依。六亦應爾。是故定有無染汙意於上三位恆起現前。言彼無有者。依染意說。如說四位無阿賴耶。非無第八。此亦應爾。

此意差別略有三種。一補特伽羅我見相應。二法我見相應。三平等性智相應。初通一切異生相續。二乘

有學。七地以前一類菩薩。有漏心位。彼緣阿賴耶識起補特伽羅我見。次通一切異生聲聞獨覺相續。一切菩薩法空智果不現前位。彼緣異熟識起法我見。後通一切如來相續。菩薩見道及修道中。法空智果現在前位。彼緣無垢異熟識等起平等性智。補特伽羅我見起位。彼法我見亦必現前。我執必依法執而起。如夜迷杌等。方謂人等故。我法二見。用雖有別。而不相違。同依一慧。如眼識等體雖是一。而有了別青等多用。不相違故。此亦應然。二乘有學聖道滅定現在前時。頓悟菩薩於修道位有學漸悟生空智果現

在前時。皆唯起法執。我執已伏故。二乘無學及此漸悟法空智果不現前時。亦唯起法執。我執已斷故。八地以上一切菩薩所有我執皆永不行。或已永斷。或永伏故。法空智果不現前時。猶起法執。不相違故。如契經說。八地以上一切煩惱不復現行。唯有所依所知障在。此所知障是現非種。不爾。煩惱亦應在故。法執俱意。於二乘等雖名不染。於諸菩薩亦名爲染。障彼智故。由此亦名有覆無記。於二乘等說名無覆。不障彼智故。是異熟生攝。從異熟識恆時生故。名異熟生。非異熟果。此名通故。如增上緣。餘不攝者皆入此攝。

云何應知此第七識離眼等識有別自體。聖教正理爲定量故。謂薄伽梵處處經中說心意識三種別義。集起名心。思量名意。了別名識。是三別義。如是三義雖通八識。而隨勝顯。第八名心。集諸法種起諸法故。第七名意。緣藏識等恆審思量爲我等故。餘六名識。於六別境麤動間斷了別轉故。如入楞伽伽他中說。

藏識說名心　思量性名意　能了諸境相
是說名爲識

又大乘經處處別說有第七識。故此別有。諸大乘經是至教量。前已廣說。故不重成。解脫經中亦別說有此第七識。如彼頌言。

染汙意恆時　諸惑俱生滅　若解脫諸惑
非曾非當有

彼經自釋此頌義言。有染汙意從無始來與四煩惱恆俱生滅。謂我見。我愛及我慢我癡。對治道生。斷煩惱已。此意從彼便得解脫。爾時此意相應煩惱。非唯現無。亦無過未。過去未來無自性故。如是等教諸部皆有。恐厭廣文。故不繁述。

已引聖教。當顯正理。謂契經說。不共無明微細恆行。覆蔽眞實。若無此識。彼應非有。謂諸異生於一切分恆起迷理不共無明。覆眞實義。障聖慧眼。如伽他說。

眞義心當生　常能爲障礙　俱行一切分
謂不共無明

是故契經說異生類恆處長夜。無明所盲。惛醉纏心。曾無醒覺。若異生位。有暫不起此無明時。便違經義。俱異生位。迷理無明有行不行。不應理故。此依六識皆不得成。應此間斷。彼恆染故。許有末那。便無此失。染意恆與四惑相應。此俱無明何名不共。有義此俱我見慢愛。非根本煩惱。名不共何失。有義彼說理教

相違純隨煩惱中不說此三故此三六十煩惱攝故
處處皆說染汙末那與四煩惱恆相應故應說四中
無明是主雖三俱起亦名不共從無始際恆內惛迷
曾不省察癡增上故此俱見等應名相應若爲主時
應名不共如無明故許亦無失有義此癡名不共者
如不共佛法唯此識有故若爾餘識相應煩惱此識
中無應名不共依殊勝義立不共名非互所無皆名
不共謂第七識相應無明無始恆行障眞義智如是
勝用餘識所無唯此識有故名不共既爾此俱三亦
應名不共無明是主獨得此名或許餘三亦名不共

對餘癡故且說無明不共無明總有二種一恆行不
共餘識所無二獨行不共此識非有故瑜伽說無明
有二若貪等俱者名相應無明非貪等俱者名獨行
無明是主獨行唯見所斷如契經說諸聖有學不共
無明已永斷故不造新業非主獨行亦修所斷忿等
皆通見所斷故恆行不共餘部所無獨行不共此彼
俱有
又契經說眼色爲緣生於眼識廣說乃至意法爲緣
生於意識若無此識彼意非有謂如五識必有眼等
增上不共俱有所依意識既是六識中攝理應許有

如是所依此識若無。彼依寧有。不可說色為彼所依。意非色故。意識應無隨念計度二分別故。亦不可說五識無有俱有所依。彼與五根俱時而轉如牙影故。又識與根既必同境。如心心所決定俱時。由此理趣。極成意識。如眼等識必有不共。顯自名處等無間不攝增上生所依。極成六識隨一攝故。

又契經說思量名意。若無此識彼應非有。謂若意識現在前時等無間意已滅非有。過去未來理非有故。彼思量用定不得成。既爾如何說名為意。若謂假說理亦不然。無正思量假依何立。若謂現在曾有思量。爾時名識寧說為意。故知別有第七末那恆審思量。正名為意。已滅依此假立意名。

又契經說無想滅定染意若無彼應無別。謂彼二定俱滅六識及彼心所體數無異。若無染意於二定中一有一無彼二何別。若謂加行界地依等有差別者。理亦不然。彼差別因由此有故。此若無者彼因亦無。是故定應別有此意。

又契經說無想有情一期生中心心所滅。若無此識彼應無染。謂彼長時無六轉識。若無此意我執便無。非於餘處有具縛者一期生中都無我執。彼無我執。

應如涅槃。便非聖賢同所訶厭。初後有故。無如是失。中間長時無故有過。去來有故。無如是失。彼非現常。無故有過。所得無故。能得亦無。不相應法前已遮破。藏識無故。熏習亦無。餘法受熏已辯非理。故應別有染汙末那。於無想天恆起我執。由斯賢聖同訶厭彼。

又契經說異生善染無記心時。恆帶我執。若無此識彼不應有。謂異生類三性心時。雖外起諸業。而內恆執我。由執我故。令六識中所起施等不能亡相。故瑜伽說。染汙末那為識依止。彼未滅時。相了別縛不得解脫。末那滅已。相縛解脫。言相縛者。謂於境相不能

了達如幻事等。由斯見分相分所拘。不得自在。故名相縛。依如是義。有伽他言。

如是染汙意　是識之所依　此意未滅時
識縛終不脫

又善無覆無記心時。若無我執。應非有漏。自相續中六識煩惱與彼善等不俱起故。去來緣縛理非有故。非由他惑成有漏故。勿由他解成無漏故。又不可說別有隨眠是不相應現相續起。由斯善等成有漏法。彼非實有。已極成故。亦不可說從有漏種生彼善等故成有漏。彼種先無因可成有漏故。非由漏種彼成

有漏勿學無漏心亦成有漏故雖由煩惱引施等業而不俱起故非有漏正因以有漏言表漏俱故又無記業非煩惱引彼復如何得成有漏然諸有漏由與自身現行煩惱俱生俱滅互相增益方成有漏由此熏成有漏法種後時現起有漏義成異生既然有學亦爾無學有漏雖非漏俱而從先時有漏種起故成有漏於理無違由有末那恆起我執令善等法有漏義成此意若無彼定非有故知別有此第七識

證有此識理趣甚多隨攝大乘略述六種諸有智者應隨信學然有經中說六識者應知彼是隨轉理門

或隨所依六根說六而識類別實有八種

如是已說第二能變第三能變其相云何頌曰

◎次第三能變◎差別有六種◎了境為性相
◎善不善俱非

論曰次中思量能變識後應辯了境能變識相此識差別總有六種隨六根境種類異故謂名眼識乃至意識隨根立名具五義故五謂依發屬助如根雖六識身皆依意轉然隨不共立意識名如五識身無相濫過或唯依意故名意識辯識得名心意非例或名色識乃至法識隨境立名順識義故謂於六境了別

名識。色等五識唯了色等。法識通能了一切法。或能了別法。獨得法識名。故六識名無相濫失。此後隨境立六識名。依五色根未自在說。若得自在。諸根互用。一根發識緣一切境。但可隨根無相濫失。莊嚴論說如來五根一一皆於五境轉者。且依麤顯同類境說。佛地經說成所作智決擇有情心行差別起三業化。作四記等。若不徧緣無此能故。然六轉識所依所緣麤顯極成。故此不說。前隨義便已說所依。此所緣境義便當說。

次言了境爲性相者。雙顯六識自性行相。識以了境爲自性故。即復用彼爲行相故。由斯兼釋所立別名。能了別境名爲識故。如契經說。眼識云何。謂依眼根了別諸色。廣說乃至意識云何。謂依意根了別諸法。彼經且說不共所依。未轉依位見分所了。餘所依了如前已說。

此六轉識何性攝耶。謂善不善俱非性攝。俱非者謂無記。非善不善故名俱非。能爲此世他世順益故名爲善。人天樂果雖於此世能爲順益。非於他世故不名善。能爲此世他世違損故名不善。惡趣苦果雖於此世能爲違損。非於他世故非不善。於善不善益損義中不可記別。故名無記。此六轉識。若與信等十一相應。是善性攝。與無慚等十法相應。不善性攝。俱不相應無記性攝。有義六識三性不俱。同外門轉。互相違故。五識必由意識導引。俱生同境。成善染故。若許五識三性俱行。意識爾時應通三性。便違正理。故定不俱。瑜伽等說藏識一時與轉識相應三性俱起者。彼依多念。如說一心非一生滅。無相違過。有義六識三性容俱。率爾等流眼等五識。或多或少容俱起故。五識與意雖定俱生。而善性等不必同故。前所設難。於此唐捐。故瑜伽說若遇聲緣從定起者。與定相應

意識俱轉。餘耳識生。非唯彼定相應意識能取此聲。若不爾者。於此音聲不領受故。不應出定。非取聲時即便出定。領受聲已。若有希望。後時方出。在定耳識率爾聞聲。理應非善。未轉依者。率爾墮心定無記故。由此誠證。五俱意識。非定與五善等性同。諸處但言五俱意識亦緣五境。不說同性。雜集論說。等引位中五識無者。依多分說。若五識中三性俱轉。意隨偏注。與彼性同。無偏注者。便無記性。故六轉識三性容俱。得自在位。唯善性攝。佛色心等。道諦攝故。已永滅除戲論種故。

六識與幾心所相應。頌曰。
◎此心所徧行◎別境善煩惱◎隨煩惱不定
◎皆三受相應
論曰。此六轉識總與六位心所相應。謂徧行等恆依心起與心相應繫屬於心故名心所。如屬我物立我所名。心於所緣唯取總相。心所於彼亦取別相。助成心事得心所名。如畫師資作模填彩。故瑜伽說識能了別事之總相。作意了此所未了相。即諸心所所取別相。觸能了此可意等相。受能了此攝受等相。想能了此言說因相。思能了此正因等相。故作意等名心

所法。此表心所亦緣總相。餘處復說欲亦能了可樂事相。勝解亦了決定事相。念亦能了串習事相。定慧亦了德失等相。由此於境起善染等。諸心所法皆於所緣兼取別相。
雖諸心所名義無異。而有六位種類差別。謂徧行有五。別境亦五。善有十一。煩惱有六。隨煩惱有二十。不定有四。如是六位合五十一。一切心中定可得故。緣別別境而得生故。唯善心中可得生故。性是根本煩惱攝故。唯是煩惱等流性故。於善染等皆不定故。然瑜伽論合六爲五。煩惱隨煩惱俱是染故。復以四一

切辯五差別謂一切性及地時俱五中徧行具四一切別境唯有初二一切善唯有一謂一切地染四皆無不定唯一謂一切性由此五位種類差別

此六轉識易脫不定故皆容與三受相應皆領順違非二相故領順境相適悅身心說名樂受領違境相逼迫身心說名苦受領中容境相於身於心非逼非悅名不苦樂受

如是三受或各分二五識相應說名身受別依身故意識相應說名心受唯依心故又三皆通有漏無漏苦受亦由無漏起故或各分三謂見所斷修所斷非

所斷又學無學非二爲三或總分四謂善不善有覆無覆二無記受有義三受容各分四五識俱起任運貪癡純苦趣中任運煩惱不發業者是無記故彼皆容與苦根相應瑜伽論說若任運生一切煩惱皆於三受現行可得若通一切識身者徧與一切根相應不通一切識身者意地一切根相應雜集論說若欲界繫任運煩惱發惡行者亦是不善所餘皆是有覆無記故知三受各容有四或總分五謂苦樂憂喜捨三中苦樂各分二者逼悅身心相各異故由無分別有分別故尤重輕微有差別故不苦不樂不分二者

非逼非悅相無異故無分別故平等轉故。
諸適悅受五識相應恆名爲樂意識相應若在欲界
初二靜慮近分名喜但悅心故若在初二靜慮根本
名樂名喜悅身心故若在第三靜慮近分根本名樂
安靜尤重無分別故諸逼迫受五識相應恆名爲苦
意識俱者有義唯憂逼迫心故諸聖教說意地慼受
名憂根故瑜伽論說生地獄中諸有情類異熟無間
有異熟生苦憂相續又說地獄尋伺憂俱一分鬼趣
傍生亦爾故知意地尤重慼受尚名爲憂况餘輕者
有義通二人天中者恆名爲憂非尤重故傍生鬼界

名憂名苦雜受純受有輕重故捺落迦中唯名爲苦
純受尤重無分別故瑜伽論說若任運生一切煩惱
皆於三受現行可得廣說如前又說俱生薩迦耶見
唯無記性彼邊執見應知亦爾此俱苦受非憂根攝
論說憂根非無記故又瑜伽說地獄諸根餘三現行
定不成就純苦鬼界傍生亦爾餘三定是樂喜憂根
以彼必成現行捨故豈不容捨彼定不成寧知彼文
唯說客受應不說彼定成意根彼六客識有時無故
不應彼論唯說客受通說意根無異因故又若彼論
依客受說如何說彼定成八根若謂五識不相續故

定說憂根爲第八者。死生悶絕寧有憂根。有執苦根爲第八者。亦同此破。設執一形爲第八者。理亦不然。形不定故。彼惡業招容無形故。彼由惡業令五根門恆受苦故定成眼等。必有一形。於彼何用。非於無間大地獄中可有希求婬欲事故。由斯第八定是捨根。第七八識捨相應故。如極樂地意悅名樂。無有喜根。故極苦處意迫名苦。無有憂根。故餘三言定憂喜樂。餘處說彼有等流樂。應知彼依隨轉理說。或彼通說餘雜受處。無異熟樂名純苦故。然諸聖教意地慼受名憂根者。依多分說。或隨轉門。無相違過。瑜伽論說

生地獄中諸有情類異熟無間有異熟生苦憂相續。又說地獄尋伺憂俱。一分鬼趣傍生亦爾者。亦依隨轉門。又彼苦根意識俱者是餘憂類假說爲憂。或彼苦根損身心故雖苦根攝而亦名憂。如近分喜益身心故雖是喜根而亦名樂。顯揚論等具顯此義。然未至地定無樂根。說彼唯有十一根故。由此應知意地慼受純受苦處亦苦根攝。此等聖教差別多門恐文增廣故不繁述。

有義六識三受不俱。皆外門轉。互相違故。五俱意識同五所緣。五三受俱意亦應爾。便違正理。故必不俱。

瑜伽等說藏識一時與轉識相應三受俱起者彼依
多念如說一心非一生滅無相違過有義六識三受
容俱順違中境容俱受故意不定與五受同故於偏
注境起一受故無偏注者便起捨故由斯六識三受
容俱得自在位唯樂喜捨諸佛已斷憂苦事故
前所略標六位心所今應廣顯彼差別相且初二位
其相云何頌曰
◎初徧行觸等◎次別境謂欲◎勝解念定慧
◎所緣事不同
論曰六位中初徧行心所卽觸等五如前廣說此徧

行相云何應知由教及理爲定量故此中教者如契
經言眼色爲緣生於眼識三和合觸與觸俱生有受
想思乃至廣說由斯觸等四是徧行又契經說若根
不壞境界現前作意正起方能生識餘經復言若復
於此作意卽於此了別若於此了別卽於此作意是
故此二恆共和合乃至廣說由此作意亦是徧行此
等聖教誠證非一理謂識起必有三和彼定生觸必
由觸有若無觸者心心所法應不和合觸一境故作
意引心令趣自境此若無者心應無故受能領納順
違中境令心等起歡慼捨相無心起時無隨一故想

能安立自境分齊若心起時無此想者應不能取境分齊相思令心取正因等相造作善等無心起位無此隨一故必有思由此證知觸等五法心起必有故是偏行餘非偏行義至當說

次別境者謂欲至慧所緣境事多分不同於六位中次初說故

云何爲欲於所樂境希望爲性勤依爲業有義所樂謂可欣境於可欣事欲見聞等有希望故於可厭事希彼不合望彼別離豈非有欲此但求彼不合離時可欣自體非可厭事故於可厭及中容境一向無欲

緣可欣事若不希望亦無欲起有義所樂謂所求境於可欣厭求合離等有希望故於中容境一向無欲緣欣厭事若不希求亦無欲起有義所樂謂欲觀境於一切事欲觀察者有希望故若不欲觀隨因境勢任運緣者卽全無欲由斯理趣欲非偏行有說要由希望境力諸心心所方取所緣故經說欲爲諸法本彼說不然心等取境由作意故諸聖教說作意現前能生識故曾無處說由欲能生心心所故如說諸法愛爲根本豈心心所皆由愛生故說欲爲諸法本者說欲所起一切事業或說善欲能發正勤由彼助成

一切善事。故論說此勤依爲業。

云何勝解。於決定境印持爲性。不可引轉爲業。謂邪正等教理證力。於所取境審決印持。由此異緣不能引轉。故猶豫境勝解全無。非審決心亦無勝解。由斯勝解非偏行攝。有說心等取自境時。無拘礙故皆有勝解。彼說非理。所以者何。能不礙者卽諸法故。所不礙者卽心等故。勝發起者根作意故。若由此故彼勝發起。此應復待餘。便有無窮失。

云何爲念。於曾習境令心明記不忘爲性。定依爲業。謂數憶持曾所受境令不忘失。能引定故。於曾未受

體類境中。全不起念。設曾所受不能明記。念亦不生。故念必非偏行所攝。有說心起必與念俱。能爲後時憶念因故。彼說非理。勿於後時有癡信等。前亦有故。前心心所或想勢力足爲後時憶念因故。

云何爲定。於所觀境令心專注不散爲性。智依爲業。謂觀德失俱非境中。由定令心專注不散。依斯便有決擇智生。心專注言顯所欲住卽便能住。非唯一境。不爾見道歷觀諸諦。前後境別應無等持。若不繫心專注境位。便無定起。故非偏行。有說爾時亦有定起。但相微隱。應說誠言若定能令心等和合同趣一境。

故是徧行。理亦不然。是觸用故。若謂此定令剎那頃心不易緣。故徧行攝。亦不應理。一剎那心自於所緣無易義故。若言由定心取所緣。故徧行攝。彼亦非理。作意令心取所緣故。有說此定體卽是心。經說爲心學。心一境性故。彼非誠證。依定攝心令心一境說彼言故。根力覺支道支等攝。如念慧等非卽心故。

云何爲慧。於所觀境簡擇爲性。斷疑爲業。謂觀德失俱非境中由慧推求得決定故。於非觀境愚昧心中無簡擇故。非徧行攝。有說爾時亦有慧起。但相微隱。天愛寧知。對法說爲大地法故。諸部對法展轉相違。

汝等如何執爲定量。唯觸等五經說徧行。說十非經。不應固執。然欲等五非觸等故。定非徧行。如信貪等。有義此五定互相資。隨一起時必有餘四。有義不定。瑜伽說此四一切中無後二故。又說此五緣四境生。所緣能緣非定俱故。應說此五或時起一。謂於所樂唯起希望。或於決定唯起印解。或於曾習唯起憶念。或於所觀唯起專注。謂愚昧類爲止散心雖專注所緣而不能簡擇。世共知彼有定無慧。彼加行位少有聞思。故說等持緣所觀境。或依多分故說是言。如戲忘天專注一境起貪瞋等有定無慧。諸如是等其類

實緊或於所觀唯起簡擇謂不專注馳散推求或時
起二謂於所樂決定境中起欲勝解或於所樂曾習
境中起欲及念如是乃至於所觀境起定及慧合有
十二或時起三謂於所樂決定曾習起欲解念如是
乃至於曾所觀起念定慧合有十三或時起四謂於
所樂決定曾習所觀境中起前四種如是乃至於定
曾習所觀境中起後四種合有五四或時起五謂於
所樂決定曾習所觀境中具起五種如是於四起欲
等五總別合有三十一句或有心位五皆不起如非
四境率爾墮心及藏識俱此類非一

第七八識此別境五隨位有無如前已說第六意識
諸位容俱依轉未轉皆不遮故有義五識此五皆無
緣已得境無希望故不能審決無印持故恆取新境
無追憶故自性散動無專注故不能推度無簡擇故
有義五識容有此五雖無於境增上希望而有微劣
樂境義故於境雖無增上審決而有微劣印境義故
雖無明記曾習境體而有微劣念境類故雖不作意
繫念一境而有微劣專注義故遮等引故說性散動
非遮等持故容有定雖於所緣不能推度而有微劣
簡擇義故由此聖教說眼耳通是眼耳識相應智性

餘三準此。有慧無失。未自在位。此五或無。得自在時。此五定有。樂觀諸境。欲無減故。印境勝解。常無減故。憶習曾受。念無減故。又佛五識緣三世故。如來無有不定心故。五識皆有作事智故。此別境五。何受相應。有義欲三。除憂苦受。以彼二境非所樂故。餘四通四。唯除苦受。以審決等五識無故。有義一切五受相應。論說憂根於無上法思慕愁慼求欲證故。純受苦處希求解脫。意有苦根。前已說故。論說貪愛憂苦相應。此貪愛俱。必有欲故。苦根既有意識相應。審決等四。苦俱何咎。又五識俱。亦有微細印境等四。義如前說。

由斯欲等五受相應。此五復依性界學等諸門分別。如理應思。

成唯識論卷第五

音釋

補特伽羅 梵語也此云數取趣謂數數往來諸趣也特敵德切伽上迦切
楞伽 梵語也此云不可往楞盧登切
慼 倉歷切憂也
伺 息利切察也

成唯識論卷第六

護法等菩薩造

唐三藏法師玄奘奉　詔譯

已說徧行別境二位。善位心所。其相云何。頌曰。

◎善謂信慚愧◎無貪等三根◎勤安不放逸

◎行捨及不害

論曰。唯善心俱。名善心所。謂信慚等。定有十一。云何爲信。於實德能深忍樂欲。心淨爲性。對治不信樂善爲業。然信差別略有三種。一信實有。謂於諸法實事理中。深信忍故。二信有德。謂於三寶眞淨德中。深信樂故。三信有能。謂於一切世出世善。深信有力。能得能成。起希望故。由斯對治不信彼心。愛樂證修世出世善。忍謂勝解。此卽信因。樂欲謂欲。卽是信果。確陳此信自相是何。豈不適言心淨爲性。此猶未了彼心淨言。若淨卽心。應非心所。若令心淨。慚等何別。心俱淨法。爲難亦然。此性澄清。能淨心等。以心勝故。立心淨名。如水清珠。能清濁水。慚等雖善。非淨爲相。此淨爲相。無濫彼失。又諸染法。各別有相。唯有不信自相渾濁。復能渾濁餘心心所。如極穢物。自穢穢他。信正翻彼。故淨爲相。有說信者。愛樂爲相。應通三性。

體應卽欲。又應苦集非信所緣。有執信者隨順爲相。應通三性。卽勝解欲。若印順者卽勝解故。若樂順者卽是欲故。離彼二體無順相故。由此應知心淨是信。

云何爲慚。依自法力。崇重賢善爲性。對治無慚止息惡行爲業。謂依自法尊貴增上。崇重賢善。羞恥過惡對治無慚息諸惡行。

云何爲愧。依世間力。輕拒暴惡爲性。對治無愧止息惡行爲業。謂依世間訶厭增上。輕拒暴惡。羞恥過罪。對治無愧息諸惡業。羞恥過惡是二通相。故諸聖教假說爲體。若執羞恥爲二別相。應慚與愧體無差別。

則此二法定不相應。非受想等有此義故。若待自他立二別者。應非實有。便違聖教。若許慚愧實而別起。復違論說十徧善心。崇重輕拒若二別相所緣有異。應不俱生。二失旣同。何乃偏責。誰言二法所緣有異。不爾如何善心起時隨緣何境皆有崇重善及輕拒惡義。故慚與愧俱徧善心。所緣無別。豈不我說亦有此義。汝執慚愧自相旣同。何理能遮前所設難。然聖教說顧自他者。自法名自。世間名他。或卽此中崇拒善惡於己益損名自他故。

無貪等者。等無瞋癡。此三名根。生善勝故。三不善根。

近對治故。云何無貪。於有有具無著為性。對治貪著。作善為業。云何無瞋。於苦苦具無恚為性。對治瞋恚。作善為業。善心起時隨緣何境皆於有等無著無恚。觀有等立。非要緣彼。如前慚愧觀善惡立。故此二種俱徧善心。云何無癡。於諸理事明解為性。對治愚癡。作善為業。有義無癡即慧為性。集論說此報教證智決擇為體。生得聞思修所生慧如次皆是決擇性故。此雖即慧為顯善品有勝功能。如煩惱見故復別說。有義無癡非即是慧。別有自性正對無明。如無貪瞋。善根攝故。論說大悲無瞋無癡攝非根攝故。若彼無癡

以慧為性。大悲如力等應慧等根攝。又若無癡無別自性。如不害等應非實物。便違論說十一善中三世俗有。餘皆是實。然集論說慧為體者。舉彼因果顯此自性。如以忍樂表信自體。理必應爾。以貪瞋癡六識相應正煩惱攝起惡勝故立不善根。斷彼必由通別對治。通唯善慧。別即三根。由此無癡必應別有。

勤謂精進。於善惡品修斷事中勇悍為性。對治懈怠。滿善為業。勇表勝進簡諸染法。悍表精純簡淨無記。即顯精進唯善性攝。此相差別略有五種。所謂被甲加行無下無退無足。即經所說有勢有勤有勇堅猛

不捨善軛。如次應知。此五別者。謂初發心。自分勝進。自分行中。三品別故。或初發心。長時無間。殷重無餘修差別故。或資糧等。五道別故。二乘究竟道欣大菩提故。諸佛究竟道樂利樂他故。或二加行無間解脫勝進別故。

安謂輕安。遠離麤重。調暢身心。堪任爲性。對治惛沈。轉依爲業。謂此伏除能障定法。令所依止轉安適故。

不放逸者。精進三根。於所斷修。防修爲性。對治放逸。成滿一切世出世間善事爲業。謂卽四法。於斷修事。皆能防修。名不放逸。非別有體。無異相故。於防惡事

修善事中。離四功能。無別用故。雖信慚等亦有此能。而方彼四。勢用微劣。非根徧策。故非此依。豈不防修是此相用。防修何異精進三根。彼要待此方有作用。此應復待餘。便有無窮失。勤唯徧策。根但爲依。如何說彼有防修用。汝防修用。其相云何。若普依持。卽無貪等。若徧策錄。不異精進。止惡進善。卽總四法。令不散亂。應是等持。令同取境。與觸何別。令不忘失。卽應是念。如是推尋。不放逸用。離無貪等竟不可得。故不放逸定無別體。

云何行捨。精進三根。令心平等正直無功用住爲性。

對治掉舉靜住爲業謂卽四法令心遠離掉舉等障靜住名捨平等正直無功用住初中後位辯捨差別由不放逸先除雜染捨復令心寂靜而住此無別體如不放逸離彼四法無相用故能令寂靜卽四法故所令寂靜卽心等故

云何不害於諸有情不爲損惱無瞋爲性能對治害悲愍爲業謂卽無瞋於有情所不爲損惱假名不害無瞋翻對斷物命瞋不害正違損惱物害無瞋與樂不害拔苦是謂此二麤相差別理實無瞋實有自體不害依彼一分假立爲顯慈悲二相別故利樂有情

彼二勝故有說不害非卽無瞋別有自體謂賢善性此相云何謂不損惱無瞋亦爾寧別有性謂於有情不爲損惱慈悲賢善是無瞋故

及顯十一義別心所謂欣厭等善心所法雖義有別說種種名而體無異故不別立欣謂欲俱無瞋一分於所欣境不憎恚故不忿恨惱嫉等亦然隨應正翻瞋一分故厭謂慧俱無貪一分於所厭境不染著故不慳憍等當知亦然隨應正翻貪一分故不覆誑諂無貪癡一分隨應正翻貪癡一分故有義不覆唯無癡一分無處說覆亦貪一分故有義不慢信一分攝

謂若信彼。不慢彼故。有義不慢捨一分攝。心平等者不高慢故。有義不慢慚一分攝。若崇重彼不慢彼故。有義不疑即信所攝。謂若信彼無猶豫故。有義不疑即正勝解。以決定者無猶豫故。有義不疑即正慧攝。以正見者無猶豫故。不散亂體即正定攝。正見正知。俱善慧攝。不忘念者即是正念。悔眠尋伺通染不染。如觸欲等無別翻對。何緣諸染所翻善中有別建立。有不爾者。相用別者便別立之。餘善不然故不應責。又諸染法徧六識者勝故翻之別立善法。慢等忿等唯意識俱。害雖亦然而數現起損惱他故。障無上乘勝因悲故。爲了知彼增上過失翻立不害。失念散亂及不正知翻入別境。善中不說。染淨相翻淨寧少染。淨勝染劣少敵多故。又解理通說多同體。迷情事局隨相分多。故於染淨不應齊責。

此十一法三是假有。謂不放逸捨及不害義如前說。餘八實有相用別故。有義十一四徧善心。精進三根徧善品故。餘七不定。推尋事理未決定時不生信故。慚愧同類依處各別。隨起一時。第二無故。要世間道斷煩惱時有輕安故。不放逸捨無漏道時方得起故。悲愍有情時乃有不害故。論說十一六位中起。謂決

定位有信相應。止息染時有慚愧起。顧自他故。於善
品位有精進三根。世間道時有輕安起。於出世道有
捨不放逸。攝衆生時有不害故。有義彼說未爲應理。
推尋事理未決定心信若不生應非是善。如染心等。
無淨信故。慚愧類異依別境同俱徧善心前已說故。
若出世道輕安不生應此覺支非無漏故。若世間道
無捨不放逸應非寂靜防惡修善故。又應不伏掉放
逸故。有漏善心既具四法。如出世道應有二故。善心
起時皆不損物違能損法有不害故。論說六位起十
一者依彼彼增作此此說。故彼所說定非應理。應說

信等十一法中。十徧善心。輕安不徧要在定位方有
輕安調暢身心。餘位無故。決擇分說十善心所定不
定地皆徧善心。定地心中增輕安故。有義定加行亦
得定地名。彼亦微有調暢義故。由斯欲界亦有輕安。
不爾便違本地分說信等十一通一切地。有義輕安
唯在定有。由定滋養有調暢故。論說欲界諸心心所。
由闕輕安名不定地。說一切地有十一者通有尋伺
等三地皆有故。此十一種前已具說。第七八識隨位
有無。第六識中定位皆具。若非定位唯闕輕安。有義
五識唯有十種。自性散動無輕安故。有義五識亦有

輕安定所引善者亦有調暢故成所作智俱必有輕安故此善十一何受相應十五相應一除憂苦有逼迫受無調暢故此與別境皆得相應信等欲等不相違故十一唯善輕安非欲餘通三界皆學等三非見所斷瑜伽論說信等六根唯修所斷非見所斷餘門分別如理應思

如是已說善位心所煩惱心所其相云何頌曰

◎煩惱謂貪瞋◎癡慢疑惡見

論曰此貪等六性是根本煩惱攝故得煩惱名

云何爲貪於有有具染著爲性能障無貪生苦爲業謂由愛力取蘊生故

云何爲瞋於苦苦具憎恚爲性能障無瞋不安隱性惡行所依爲業謂瞋必令身心熱惱起諸惡業不善性故

云何爲癡於諸理事迷闇爲性能障無癡一切雜染所依爲業謂由無明起疑邪見貪等煩惱隨煩惱業能招後生雜染法故

云何爲慢恃己於他高舉爲性能障不慢生苦爲業謂若有慢於德有德心不謙下由此生死輪轉無窮受諸苦故此慢差別有七九種謂於三品我德處生

一切皆通見修所斷。聖位我慢既得現行。慢類由斯起亦無失。

云何爲疑。於諸諦理猶豫爲性。能障不疑善品爲業。謂猶豫者善不生故。有義此疑以慧爲體。猶豫簡擇說爲疑故。毗助末底是疑義故。末底般若義無異故。有義此疑別有自體。令慧不決非卽慧故。瑜伽論說。六煩惱中見世俗有。卽慧分故。餘是實有別有性故。毗助末底。執慧爲疑。毗助若南智應爲識。界由助力。義便轉變。是故此疑非慧爲體。

云何惡見。於諸諦理顛倒推度染慧爲性。能障善見。招苦爲業。謂惡見者多受苦故。此見行相差別有五。

一薩迦耶見。謂於五取蘊執我我所。一切見趣所依爲業。此見差別有二十句。六十五等。分別起攝。二邊執見。謂卽於彼隨執斷常。障處中行出離爲業。此見差別諸見趣中。有執前際四徧常論。一分常論。及計後際有想十六。無想俱非各有八論。七斷滅論等。分別趣攝。三邪見。謂謗因果作用實事。及非四見諸餘邪執。如增上緣名義徧故。此見差別諸見趣中有執前際二無因論。四有邊等。不死矯亂。及計後際五現涅槃。或計自在世主釋梵及餘物類常恆不易。或計自在等是一切物因。或有橫計諸邪解脫。或有妄執非道爲道。諸如是等。皆邪見攝。四見取。謂於諸見及所依蘊。執爲最勝。能得清淨。一切鬬諍所依爲業。五戒禁取。謂於隨順諸見戒禁。及所依蘊。執爲最勝。能得清淨。無利勤苦所依爲業。然有處說執爲最勝名爲見取。執能得淨名戒取者。是影略說。或隨轉門。不爾如何非滅計滅。非道計道。說爲邪見。非二取攝。如是總別十煩惱中。六通俱生及分別起。任運思察俱得生故。疑後三見唯分別起。要由惡友及邪教力。自審思察方得生故。邊執見中通俱生者。有義唯斷

常見相麤。惡友等力方引生故。瑜伽等說何邊執見是俱生耶。謂斷見攝。學現觀者起如是怖。今者我我何所在耶。故禽獸等若遇違緣。皆恐我斷。而起驚怖。有義彼論依麤相說。理實俱生亦通常見。謂禽獸等執我常存。熾然造集長時資具。故顯揚等諸論皆說於五取蘊執斷計常。或是俱生。或分別起。

此十煩惱誰幾相應。貪與瞋疑。定不俱起。愛憎二境必不同故。於境不決無染著故。貪與慢見或得相應。所愛所陵境非一故。說不俱起。所染所恃境可同故。說得相應。於五見境皆可愛故。貪與五見相應無失。

瞋與慢疑或得俱起。所瞋所恃境非一故。說不相應。所蔑所憎境可同故。說得俱起。初猶豫時未憎彼故。說不俱起。久思不決便憤發故。說得相應。疑順違事。隨應亦爾。瞋與二取必不相應。執爲勝道不憎彼故。此與三見或得相應。於有樂蘊起身常見不生憎故。說不相應。於有苦蘊起身常見生憎恚故。說得俱起。斷見翻此說瞋有無。邪見誹撥惡事好事。如次說瞋或無或有。慢於境定疑則不然。故慢與疑無相應義。慢與五見皆容俱起。行相展轉不相違故。然與斷見必不俱生。執我斷時無陵恃故。與身邪見一分亦爾。

疑不審決與見相違。故疑與見定不俱起。五見展轉必不相應。非一心中有多慧故。癡與九種皆定相應。諸煩惱生必由癡故。

此十煩惱何識相應。藏識全無。末那有四。意識具十。五識唯三。謂貪瞋癡。無分別故。由稱量等起慢等故。

此十煩惱何受相應。貪瞋癡三俱生分別一切容與五受相應。貪會違緣憂苦俱故。瞋遇順境喜樂俱故。有義俱生分別起慢容與非苦四受相應。恃苦劣蘊憂相應故。有義俱生亦苦俱起。意有苦受前已說故。分別慢等純苦趣無。彼無邪師邪教等故。然彼不造引惡趣業。要分別起能發彼故。疑後三見容四受俱。欲疑無苦等亦喜受俱故。二取若緣憂俱見等爾時得與憂相應故。有義俱生身邊二見但與喜樂捨受相應非五識俱唯無記故。分別二見容四受俱。執苦俱蘊爲我我所常斷見翻此與憂相應故。有義二見若俱生者亦苦受俱純受苦處緣極苦蘊苦相應故。論說俱生一切煩惱皆於三受現行可得。廣說如前。餘如前說此依實義隨麤相者貪慢四見樂喜捨俱。瞋唯苦憂捨受俱起癡與五受皆得相應。邪見及疑四俱除苦。貪癡俱樂通下四地餘七俱樂除欲通三。

疑獨行癡欲唯憂捨。餘受俱起如理應知。

此與別境幾互相應貪瞋癡慢容五俱起。專注一境得有定故。疑及五見各容四俱。疑除勝解不決定故。見非慧俱不異慧故。

此十煩惱何性所攝瞋唯不善損自他故。餘九通二。上二界者唯無記攝定所伏故。若欲界繫分別起者唯不善攝發惡行故。若是俱生發惡行者亦不善攝損自他故。餘無記攝細不障善非極損惱自他處故。當知俱生身邊二見唯無記攝不發惡業雖數現起不障善故。

此十煩惱何界繫耶。瞋唯在欲。餘通三界。生在下地。未離下染。上地煩惱不現在前。要得彼地根本定者。彼地煩惱容現前故。諸有漏道雖不能伏分別起惑及細俱生。而能伏除俱生麤惑。漸次證得上根本定。彼但迷事。依外門轉。散亂麤動。正障定故。得彼定已。彼地分別俱生諸惑。皆容現前。生在上地。下地諸惑。分別俱生。皆容現起。生第四定中有中者。由謗解脫。生地獄故。身在上地。將生下時。起下潤生俱生愛故。而言生上不起下者。依多分說。或隨轉門。下地煩惱亦緣上地。瑜伽等說欲界繫貪求上地生味上定故。既說瞋恚憎嫉滅道。亦應憎嫉離欲地故。總緣諸行執我我所斷常慢者。得緣上故。餘五緣上。其理極成。而有處言貪瞋慢等不緣上者。依麤相說。或依別緣。不見世間執他地法為我等故。邊見必依身見起故。上地煩惱。亦緣下地。說生上者。於下有情恃己勝德。而陵彼故。總緣諸行執我我所斷常愛者。得緣下故。疑後三見。如理應思。而說上惑不緣下者。彼依多分或別緣說。

此十煩惱。學等何攝。非學無學。彼唯善故。

此十煩惱。何所斷耶。非非所斷。彼非染故。分別起者。

唯見所斷。麤易斷故。若俱生者。唯修所斷。細難斷故。
見所斷十。實俱頓斷。以眞見道。總緣諦故。然迷諦相。
有總有別。總謂十種。皆迷四諦。苦集是彼因依處故。
滅道是彼怖畏處故。別謂別迷四諦相起。二唯迷苦。
八通迷四。身邊二見。唯果處起。別空非我屬苦諦故。
謂疑三見。親迷苦理。二取執彼三見戒禁及所依蘊。
爲勝能淨。於自他見及彼眷屬。如次隨應起貪恚慢。
相應無明。與九同迷。不共無明。親迷苦理。疑及邪見。
親迷集等。二取貪等。準苦應知。然瞋亦能親迷滅道。
由怖畏彼。生憎嫉故。迷諦親疏麤相如是。委細說者。

貪瞋慢三。見疑俱生。隨應如彼。俱生二見。及彼相應
愛慢無明。雖迷苦諦。細難斷故。修道方斷。瞋餘愛等。
迷別事生。不違諦觀。故修所斷。

雖諸煩惱皆有相分。而所仗質或有或無。名緣有事
無事煩惱。彼親所緣。雖皆有漏。而所仗質亦通無漏。
名緣有漏無漏煩惱。緣自地者。相分似質。名緣分別
所起事境。緣滅道諦及他地者。相分與質不相似故。
名緣分別所起名境。餘門分別。如理應思。

已說根本六煩惱相。諸隨煩惱。其相云何。頌曰。

◎隨煩惱謂忿◎恨覆惱嫉慳◎誑諂與害憍

◎無慚及無愧◎掉舉與惛沈◎不信并懈怠
◎放逸及失念◎散亂不正知
論曰。唯是煩惱分位差別等流性故名隨煩惱。此二
十種類別有三。謂忿等十各別起故名小隨煩惱。無
慚等二徧不善故名中隨煩惱。掉舉等八徧染心故
名大隨煩惱。
云何爲忿。依對現前不饒益境憤發爲性。能障不忿
執仗爲業。謂懷忿者多發暴惡身表業故。此卽瞋恚
一分爲體。離瞋無別忿相用故。
云何爲恨。由忿爲先懷惡不捨結怨爲性。能障不恨
熱惱爲業。謂結恨者不能含忍恆熱惱故。此亦瞋恚

一分爲體。離瞋無別恨相用故。
云何爲覆。於自作罪恐失利譽隱藏爲性。能障不覆
悔惱爲業。謂覆罪者後必悔惱不安隱故。有義此覆
癡一分攝。論唯說此癡一分故。不懼當苦覆自罪故。
有義此覆貪癡一分攝。亦恐失利譽覆自罪故。論據
麤顯唯說癡分。如說掉舉是貪分故。然說掉舉徧諸
染心。不可執爲唯是貪分。
云何爲惱。忿恨爲先追觸暴熱佷戾爲性。能障不惱
蛆螫爲業。謂追往惡觸現違緣。心便佷戾多發囂暴。

凶鄙麤言蛆螫他故。此亦瞋恚一分爲體。離瞋無別惱相用故。

云何爲嫉。殉自名利。不耐他榮。妒忌爲性。能障不嫉。憂慼爲業。謂嫉妒者。聞見他榮。深懷憂慼。不安隱故。此亦瞋恚一分爲體。離瞋無別嫉相用故。

云何爲慳。耽著財法。不能惠捨。祕悋爲性。能障不慳。鄙畜爲業。謂慳悋者。心多鄙澀。畜積財法。不能捨故。此即貪愛一分爲體。離貪無別慳相用故。

云何爲誑。爲獲利譽。矯現有德。詭詐爲性。能障不誑。邪命爲業。謂矯誑者。心懷異謀。多現不實。邪命事故。

此即貪癡一分爲體。離二無別誑相用故。

云何爲諂。爲罔他故。矯設異儀。險曲爲性。能障不諂。教誨爲業。謂諂曲者。爲網帽他。曲順時宜。矯設方便。爲取他意。或藏己失。不任師友正教誨故。此亦貪癡一分爲體。離二無別諂相用故。

云何爲害。於諸有情。心無悲愍。損惱爲性。能障不害。逼惱爲業。謂有害者。逼惱他故。此亦瞋恚一分爲體。離瞋無別害相用故。瞋害別相。準善應說。

云何爲憍。於自盛事。深生染著。醉傲爲性。能障不憍。染依爲業。謂憍醉者。生長一切雜染法故。此亦貪愛一分爲體。離貪無别憍相用故。

云何無慚。不顧自法。輕拒賢善爲性。能障礙慚。生長惡行爲業。謂於自法無所顧者。輕拒賢善。不恥過惡。障慚生長諸惡行故。

云何無愧。不顧世間。崇重暴惡爲性。能障礙愧。生長惡行爲業。謂於世間無所顧者。崇重暴惡。不恥過罪。障愧生長諸惡行故。不恥過惡是二通相。故諸聖教假說爲體。若執不恥爲二别相。則應此二體無差别。由斯二法應不俱生。非受想等有此義故。若待自他立二别者。應非實有。便違聖教。若許此二實而别起。

復違論說俱徧惡心。不善心時隨緣何境皆有輕拒善及崇重惡義。故此二法俱徧惡心。所緣不異。無别起失。然諸聖教說不顧自他者。自法名自。世間名他。或卽此中拒善崇惡。於己益損名自他故。而論說爲貪等分者。是彼等流。非卽彼性。

云何掉舉。令心於境不寂靜爲性。能障行捨奢摩他爲業。有義掉舉貪一分攝。論唯說此是貪分故。此由憶昔樂事生故。有義掉舉非唯貪攝。論說掉舉徧染心故。又掉舉相謂不寂靜。說是煩惱共相攝故。掉舉離此無别相故。雖依一切煩惱假立。而貪位增。說爲貪分有義掉舉別有自性徧諸染心如不信等非說他分體便非實勿不信等亦假有故而論說爲世俗有者如睡眠等隨他相說掉舉別相謂卽囂動令俱生法不寂靜故若離煩惱無別此相不應別說障奢摩他故不寂靜非此別相

云何惛沈令心於境無堪任爲性能障輕安毗鉢舍那爲業有義惛沈癡一分攝論唯說此是癡分故惛昧沈重是癡相故有義惛沈非但癡攝謂無堪任是惛沈相一切煩惱皆無堪任離此無別惛沈相故雖依一切煩惱假立而癡相增但說癡分有義惛沈別

有自性雖名癡分而是等流如不信等非卽癡攝隨他相說名世俗有如睡眠等是實有性惛沈別相謂卽瞢重令俱生法無堪任故若離煩惱無別惛沈相不應別說障毗鉢舍那故無堪任非此別相此與癡相有差別者謂癡於境迷闇爲相正障無癡而非瞢重惛沈於境瞢重爲相正障輕安而非迷闇

云何不信於實德能不忍樂欲心穢爲性能障淨信墮依爲業謂不信者多懈怠故不信三相翻信應知然諸染法各有別相唯此不信自相渾濁復能渾濁餘心心所如極穢物自穢穢他是故說此心穢爲性

由不信故於實德能不忍樂欲非別有性若於餘事
邪忍樂欲是此因果非此自性。

云何懈怠於善惡品修斷事中懶墮爲性能障精進
增染爲業謂懈怠者滋長染故於諸染事而策勤者
亦名懈怠退善法故於無記事而策勤者於諸善品
無進退故是欲勝解非別有性如於無記忍可樂欲
非淨非染無信不信。

云何放逸於染淨品不能防修縱蕩爲性障不放逸
增惡損善所依爲業謂由懈怠及貪瞋癡不能防修
染淨品法總名放逸非別有體雖慢疑等亦有此能
而方彼四勢用微劣障三善根徧策法故推究此相
如不放逸。

云何失念於諸所緣不能明記爲性能障正念散亂
所依爲業謂失念者心散亂故有義失念念一分攝
說是煩惱相應念故有義失念癡一分攝瑜伽說此
是癡分故癡令念失故名失念有義失念俱一分攝
由前二文影略說故論復說此徧染心故。

云何散亂於諸所緣令心流蕩爲性能障正定惡慧
所依爲業謂散亂者發惡慧故有義散亂癡一分攝
瑜伽說此是癡分故有義散亂貪瞋癡攝集論等說

是三分故說癡分者徧染心故謂貪瞋癡令心流蕩勝餘法故說爲散亂有義散亂別有自體說三分者是彼等流如無慚等非卽彼攝隨他相說名世俗有散亂別相謂卽躁擾令俱生法皆流蕩故若離彼三無別自體不應別說障三摩地掉舉散亂二用何別彼令易解此令易緣雖一剎那解緣無易而於相續有易義故染汙心時由掉亂力常應念念易解易緣或由念等力所制伏如繫猨猴有暫時住故掉與亂俱徧染心

云何不正知於所觀境謬解爲性能障正知毀犯爲

業謂不正知者多所毀犯故有義不正知慧一分攝說是煩惱相應慧故有義不正知癡一分攝瑜伽說此是癡分故令知不正名不正知有義不正知俱一分攝由前二文影略說故論復說此徧染心故

與幷及言顯隨煩惱非唯二十雜事等說貪等多種隨煩惱故隨煩惱名亦攝煩惱是前煩惱等流性故煩惱同類餘染汙法但名隨煩惱非煩惱攝故唯說二十隨煩惱者謂非煩惱唯染麤故此餘染法或此分位或此等流皆此所攝隨其類別如理應知

如是二十隨煩惱中小十大三定是假有無慚無愧

不信懈怠定是實有教理成故掉舉惛沈散亂三種有義是假有義是實所引理教如前應知二十皆通俱生分別隨二煩惱勢力起故此二十中小十展轉定不俱起互相違故行相麤猛各爲主故中二一切不善心俱隨應皆得小大俱起論說大八遍諸染心展轉小中皆容俱起有處說六徧染心者惛掉增時不俱起故有處但說五徧染者以惛掉等違唯善故此唯染故非第八俱第七識中唯有大八取捨差別如上應知第六識俱容有一切小十麤猛五識中無中大相通五識容有由斯中大五受相應有義小十除三忿等唯喜憂捨三受相應諂誑憍三四俱除苦有義忿等四俱除樂諂誑憍三五受俱起意有苦受前已說故此受俱相如煩惱說實義如是若隨麤相忿恨惱嫉害憂捨俱覆慳喜捨餘三增樂中大隨麤亦如實義如是二十與別境五皆容俱起不相違故染念染慧雖非念慧俱而癡分者亦得相應故念亦緣現曾習類境忿亦得緣剎那過去故忿與念亦得相應染定起時心亦躁擾故亂與定相應無失中二大八十煩惱俱小十定非見疑俱起此相麤動彼審細故忿等五法容慢癡俱非貪恚並是瞋分故慳癡

慢俱。非貪瞋並。是貪分故。憍唯癡俱。與慢解別。是貪分故。覆誑與諂貪癡慢俱。行相無違。貪癡分故。小七中二。唯不善攝。小三大八。亦通無記。小七中二。唯欲界攝。誑諂欲色。餘通三界。生在下地。容起上十。一耽定於他起憍誑諂故。若生上地。起下後十。邪見愛俱。容起彼故。小十生上。無由起下。非正潤生及謗滅故。中二大八下亦緣上。上緣貪等。相應起故。有義。小十。下不緣上。行相麤近不遠取故。有義。嫉等亦得緣上。於勝地法生嫉等故。大八諂誑上亦緣下。下緣慢等相應起故。梵於釋子起諂誑故。憍不緣下。非所恃故。

二十皆非學無學攝。此但是染。彼唯淨故。後十唯通見修所斷。與二煩惱相應起故。見所斷者。隨迷諦相或總或別煩惱俱生。故隨所應。皆通四部。迷諦親疏等皆如煩惱說。前十有義。唯修所斷。緣麤事境。任運生故。有義。亦通見修所斷。依二煩惱勢力起故。緣他見等生忿等故。見所斷者。隨所應緣。總別惑力。皆通四部。此中有義。忿等但緣迷諦惑生。非親迷諦。行相麤淺。不深取故。有義。嫉等亦親迷諦。於滅道等生嫉等故。然忿等十。但緣有事。要託本質方得生故。緣有漏等準上應知。

成唯識論卷第六

音釋

確苦角切堅也 悍侯旰切强很也 調暢調田聊切和也暢丑亮切通也 闇烏紺切不明也 蔑莫結切輕易也 很戾很胡懇切戾郎計切很戾不聽從也 蛆螫蛆陟列切螫施隻切並蟲行毒也 殉松閏切求也 慳悋慳苦閑切悋良刃切 鄙澀鄙補靡切嗇也澀色立切 躁擾躁則到切急動也擾而沼切亂也

成唯識論卷第七

護法等菩薩造

唐三藏法師玄奘奉　詔譯

已說二十隨煩惱相。不定有四。其相云何。頌曰。

◎不定謂悔眠◎尋伺二各二

論曰。悔眠尋伺。於善染等。皆不定故。非如觸等定徧心故。非如欲等定徧地故。立不定名。悔謂惡作。惡所作業。追悔爲性。障止爲業。此卽於果假立因名。先惡所作業。後方追悔故。悔先不作。亦惡作攝。如追悔言。我先不作如是事業。是我惡作。眠謂睡眠。令身不自

在。昧略爲性。障觀爲業。謂睡眠位。身不自在。心極闇劣。一門轉故。昧簡在定。略別寤時。令顯睡眠。非無體用。有無心位。假立此名。如餘蓋纏。心相應故。有義此二唯癡爲體。說隨煩惱。及癡分故。有義不然。亦通善故。應說此二。染癡爲體。淨卽無癡。論依染分。說隨煩惱及癡分攝。有義此說。亦不應理。無記非癡。無癡性故。應說惡作。思慧爲體。明了思擇。所作業故。睡眠合用思想爲體。思想種種。夢境相故。論俱說爲世俗有故。彼染汙者。是癡等流。如不信等。說爲癡分。有義彼說理亦不然。非思慧想。纏彼性故。應說此二。各別有

體與餘心所行相別故隨癡相說名世俗有尋謂尋求令心悤遽於意言境麤轉為性伺謂伺察令心悤遽於意言境細轉為性此二俱以安不安住身心分位所依為業並用思慧一分為體於意言境不深推度及深推度義類別故若離思慧尋伺二種體類差別不可得故二各二者有義尋伺各有染淨二類差別有義此釋不應正理悔眠亦有染淨二故應說如前諸染心所有是煩惱隨煩惱性此二各有不善無記或復各有纏及隨眠有義彼釋亦不應理不定四後有此言故應言二者顯二種二一謂悔眠二謂尋

伺此二二種種類各別故一二言顯二二種此各有二謂染不染非如善染各唯一故或唯簡染故說此言有亦說為隨煩惱故為顯不定義說二各二言故置此言深為有用

四中尋伺定是假有思慧合成聖所說故悔眠有義亦是假有瑜伽說為世俗有故有義此二是實物有唯後二種說假有故世俗有言隨他相說非顯前二定是假有又如內種體雖是實而論亦說世俗有故

四中尋伺定不相應體類是同麤細異故依於尋伺有染離染立三地別不依彼種現起有無故無雜亂

俱與前二容互相應前二亦有互相應義四皆不與
第七八俱義如前說悔眠唯與第六識俱非五法故
有義尋伺亦五識俱論說五識有尋伺故又說尋伺
卽七分別謂有相等雜集復言任運分別謂五識故
有義尋伺唯意識俱論說尋求伺察等法皆是意識
不共法故又說尋伺憂喜相應曾不說與苦樂俱故
捨受徧故可不待說何緣不說與苦樂俱雖初靜慮
有意地樂而不離喜總說喜名雖純苦處有意地苦
而似憂故總說爲憂又說尋伺以名身等義爲所緣
非五識身以名身等義爲境故然說五識有尋伺者

顯多由彼起非說彼相應雜集所言任運分別謂五
識者彼與瑜伽所說分別義各有異彼說任運卽是
五識瑜伽說此是五識俱分別意識相應尋伺故彼
所引爲證不成由此五識定無尋伺有義惡作憂捨
相應唯慼行轉通無記故睡眠喜憂捨受俱起行通
歡慼中庸轉故尋伺憂喜捨樂相應初靜慮中意樂
俱故有義此四亦苦受俱純苦趣中意苦俱故四皆
容與五別境俱行相所緣不相違故悔眠但與十善
容俱此唯在欲無輕安故尋伺容與十一善俱初靜
慮中輕安俱故悔但容與無明相應此行相麤貪等

細故睡眠尋伺十煩惱俱此彼展轉不相違故悔與
中大隨惑容俱非忿等十各爲主故睡眠尋伺二十
容俱眠等位中皆起彼故此四皆通善等三性於無
記業亦追悔故有義初二唯生得善行相麤鄙及昧
略故後二亦通加行善攝聞所成等有尋伺故有義
初二亦加行善聞思位中有悔眠故後三皆通染淨
無記惡作非染解麤猛故四無記中悔唯中二行相
麤猛非定果故眠除第四非定引生異熟生心亦得
眠故尋伺除初彼解微劣不能尋察名等義故惡作
睡眠唯欲界有尋伺在欲及初靜慮餘界地法皆妙

靜故悔眠生上必不現起尋伺上下亦起下上下上
尋伺能緣上下有義悔眠不能緣上行相麤近極昧
略故有義此二亦緣上境有邪見者悔修定故夢能
普緣所更事故悔非無學離欲捨故睡眠尋伺皆通
三種求解脫者有爲善法皆名學故學究竟者有爲
善法皆無學故悔眠唯通見修所斷亦邪見等勢力
起故非無漏道親所引生故亦非如憂深求解脫故
若已斷故名非所斷則無學眠非所斷攝尋伺雖非
眞無漏道而能引彼從彼引生故通見修非所斷攝
有義尋伺非所斷者於五法中唯分別攝瑜伽說彼

是分別故。有義此二。亦正智攝。說正思惟是無漏故。彼能令心尋求等故。又說彼是言說因故。未究竟位。於藥病等未能徧知。後得智中爲他說法必假尋伺。非如佛地無功用說。故此二種亦通無漏。雖說尋伺必是分別。而不定說唯屬第三。後得正智中亦有分別故。餘門準上如理應思。

如是六位諸心所法。爲離心體有別自性。爲卽是心分位差別。設爾何失。二俱有過。若離心體有別自性。如何聖敎說唯有識。又如何說心遠獨行。染淨由心。士夫六界。莊嚴論說復云何通。如彼頌言。

許心似二現　如是似貪等　或似於信等
無別染善法

若卽是心分位差別。如何聖敎說心相應。他性相應非自性故。又如何說心與心所俱時而起。如日與光。瑜伽論說復云何通。彼說心所非卽心故。如彼頌言。

五種性不成　分位差過失　因緣無別故
與聖敎相違

應說離心有別自性。以心勝故說唯識等。心所依心勢力生故。說似彼現。非彼卽心。又識心言亦攝心所。恆相應故。唯識等言及現似彼皆無有失。此依世俗。

若依勝義。心所與心。非離非卽。諸識相望。應知亦然。
是謂大乘眞俗妙理。

已說六識心所相應。云何應知現起分位。頌曰。

◎依止根本識◎五識隨緣現◎或俱或不俱
◎如濤波依水◎意識常現起◎除生無想天
◎及無心二定◎睡眠與悶絶

論曰。根本識者。阿陀那識。染淨諸識生根本故。依止者謂前六轉識。以根本識爲共親依。五識者謂前五轉識。種類相似。故總說之。隨緣現言顯非常起。緣謂作意根境等緣。謂五識身內依本識。外隨作意五根境等衆緣和合方得現前。由此或俱或不俱起。外緣合者有頓漸故。如水濤波隨緣多少。此等法喻廣說如經。由五轉識行相麤動。所藉衆緣時多不具。故起時少。不起時多。第六意識雖亦麤動。而所藉緣無時不具。由違緣故有時不起。第七八識行相微細。所藉衆緣一切時有。故無緣礙令總不行。

又五識身不能思慮。唯外門轉。起藉多緣。故斷時多。現行時少。第六意識自能思慮。內外門轉。不藉多緣。唯除五位常能現起。故斷時少。現起時多。由斯不說此隨緣現。

五位者何生無想等。無想天者謂修彼定厭麤想力生彼天中違不恆行心及心所想滅爲首名無想天。故六轉識於彼皆斷。有義彼天常無六識。聖教說彼無轉識故。說彼唯有有色支故。又說彼爲無心地故。有義彼天將命終位要起轉識然後命終。彼必起下潤生愛故。瑜伽論說後想生已是諸有情從彼沒故。然說彼無轉識等者依長時說非謂全無。有義生時亦有轉識彼中有必起潤生煩惱故。如餘本有初必有轉識故。瑜伽論說若生於彼唯入不起其想若生從彼沒故。彼本有初若無轉識如何名入。先有後無

乃名入故。決擇分言所有生得心心所滅名無想故。此言意顯彼本有初有異熟生轉識暫起宿因緣力後不復生。由斯引起異熟無記分位差別說名無想。如善引生二定名善。不爾轉識一切不行如何可言唯生得滅。故彼初位轉識暫起彼天唯在第四靜慮。下想麤動難可斷故。上無無想異熟處故。即能引發無想定思能感彼天異熟果故。

及無心二定者謂無想滅盡定俱無六識故名無心。無想定者謂有異生伏徧淨貪未伏上染由出離想作意爲先令不恆行心心所滅想滅爲首立無想名。

令身安和故亦名定。修習此定品別有三。下品修者。現法必退。不能速疾還引現前。後生彼天。不甚光淨形色廣大。定當中天。中品修者現不必退。設退速疾還引現前。後生彼天。雖甚光淨形色廣大而不最極。雖有中天。而不決定。上品修者現必不退。後生彼天。最極光淨形色廣大。必無中天。窮滿壽量後方殞沒。此定唯屬第四靜慮。又唯是善。彼所引故。下上地無。由前說故。四業通三。除順現受。有義此定唯欲界起。由諸外道說力起故。人中慧解極猛利故。有義欲界先修習已。後生色界能引現前。除無想天。至究竟故。

此由厭想欣彼果入。故唯有漏非聖所起。滅盡定者。謂有無學或有學聖。已伏或離無所有貪。上貪不定。由止息想作意爲先。令不恆行恆行染汙心心所滅。立滅盡名。令身安和故亦名定。由偏厭受想亦名滅彼定。修習此定品別有三。下品修者現法必退。不能速疾還引現前。中品修者現不必退。設退速疾還引現前。上品修者畢竟不退。此定初修必依有頂遊觀無漏爲加行入。次第定中最居後故。雖屬有頂而無漏攝。若修此定已得自在。餘地心後亦得現前。雖屬道諦。而是非學非無學攝。似涅槃故。此定初起唯在人中佛。及弟子說力起故人中慧解極猛利故。後上二界。亦得現前。鄔陀夷經。是此誠證。無色亦名意成天故。於藏識教未信受者。若生無色不起此定。恐無色心成斷滅故。已信生彼。亦得現前。知有藏識不斷滅故。要斷三界見所斷惑。方起此定。異生不能伏滅有頂心心所故。此定微妙要證二空隨應後得所引發故。有義下八地修所斷惑中。要全斷欲。餘伏或斷。然後方能初起此定。欲界惑種二性繁雜障定強故。唯說不還三乘無學及諸菩薩得此定故。彼隨所應生上八地皆得後起。有義要斷下之四地修所斷惑。

餘伏或斷然後方能初起此定。變異受俱煩惱種子障定強故。彼隨所應生上五地皆得後起。若伏下惑能起此定後不斷退生上地者。豈生上已卻斷下惑。斷亦無失。如生上者斷下末那俱生惑故。然不還者對治力強。正潤生位不起煩惱但由惑種潤上地生。雖所伏惑有退不退而無伏下生上地義。故無生上卻斷下失。若諸菩薩先二乘位已得滅定後迴心者。一切位中能起此定。若不爾者。或有乃至七地滿心。方能永伏一切煩惱。雖未永斷欲界修惑而如已斷。能起此定。論說已入遠地菩薩方能現起滅盡定故。

有從初地即能永伏一切煩惱如阿羅漢彼十地中皆起此定經說菩薩前六地中亦能現起滅盡定故

無心睡眠與悶絶者謂有極重睡眠悶絶令前六識皆不現行疲極等緣所引身位違前六識故名極重睡眠此睡眠時雖無彼體而由彼似彼故假說彼名風熱等緣所引身位亦違六識故名極重悶絶或此俱是觸處少分除斯五位意識恆起正死生時亦無意識何故但說五位不行有義死生及與言顯彼說非理所以者何但說六時名無心故謂前五位及無餘依應說死生即悶絶攝彼是最極悶絶位故說及與言顯五無雜此顯六識斷已後時依本識中自種還起由此不說入無餘依

此五位中異生有四除在滅定聖唯後三於中如來自在菩薩唯得存一無睡悶故

是故八識一切有情心與末那二恆俱轉若起第六則三俱轉餘隨緣合起一至五則四俱轉乃至八俱是謂略說識俱轉義

若一有情多識俱轉如何說彼是一有情若立有情依識多少汝無心位應非有情又他分心現在前位如何可說自分有情然立有情依命根數或異熟識

俱不違理。彼俱恆時唯有一故。一身唯一等無間緣
如何俱時有多識轉。既許此一引多心所。寧不許此
能引多心。又誰定言此緣唯一。說多識俱者許此緣
多故。又欲一時取多境者。多境現前。寧不頓取。諸根
境等和合力齊。識前後生不應理故。又心所性雖無
差別。而類別者許多俱生。寧不許心異類俱起。又如
浪像依一起多。故依一心多識俱轉。又若不許意與
五俱。取彼所緣應不明了。如散意識緣久滅故。如何
五俱唯一意識於色等境取一或多。如眼等識各於
自境取一或多。此亦何失。相見俱有種種相故。何故

諸識同類不俱。於自所緣若可了者。一已能了。餘無
用故。若爾五識已了自境。何用俱起意識了為。五俱
意識助五令起。非專為了五識所緣。又於彼所緣能
明了取。異於眼等識。故非無用。由此聖教說彼意識
名有分別。五識不爾。多識俱轉何不相應。非同境故。
設同境者彼此所依體數異故。如五根識互不相應。
八識自性不可言定一。行相所依緣相應異故。又一
滅時餘不滅故。能所熏等相各異故。亦非定異。經說
八識如水波等無差別故。定異應非因果性故。如幻
事等無定性故。如前所說識差別相。依理世俗。非真

勝義眞勝義中心言絶故。如伽他說。

心意識八種　俗故相有別　眞故相無別

相所相無故

已廣分別三能變相爲自所變二分所依。云何應知依識所變假說我法非別實有由斯一切唯有識耶。

頌曰。

◎是諸識轉變◎分別所分別◎由此彼皆無

◎故一切唯識

論曰。是諸識者謂前所說三能變識及彼心所皆能變似見相二分。立轉變名。所變見分說名分別。能取

相故。所變相分名所分別見所取故。由此正理彼實我法。離識所變皆定非有。離能所取無別物故。非有實物離二相故。是故一切有爲無爲若實若假皆不離識。唯言爲遮離識實物。非不離識心所法等。或轉變者謂諸內識轉似我法外境相現。此能轉變卽名分別。虛妄分別爲自性故謂卽三界心及心所此所執境名所分別。卽所妄執實我法性。由此分別變似外境假我法相。彼所分別實我法性決定皆無前引敎理已廣破故。是故一切皆唯有識。虛妄分別有極成故。唯既不遮不離識法。故眞空等亦是有性。由斯

遠離增減二邊。唯識義成。契會中道。

由何教理唯識義成。豈不已說。雖說未了。非破他義。己義便成。應更確陳成此教理。如契經說三界唯心。又說所緣唯識所現。又說諸法皆不離心。又說有情隨心垢淨。又說成就四智菩薩能隨悟入唯識無境。一相違識相智。謂於一處鬼人天等隨業差別所見各異。境若實有此云何成。二無所緣識智。謂緣過未夢境像等非實有境識現可得。彼境既無餘亦應爾。三自應無倒智。謂愚夫智若得實境彼應自然成無顛倒。不由功用應得解脫。四隨三智轉智。一隨自在

者智轉智。謂已證得心自在者隨欲轉變地等皆成。境若實有如何可變。二隨觀察者智轉智。謂得勝定修法觀者隨觀一境衆相現前。境若是實寧隨心轉。三隨無分別智轉智。謂起證實無分別智。一切境相皆不現前。境若是實何容不現。菩薩成就四智者於唯識理決定悟入。又伽他說。

心意識所緣　皆非離自性　故我說一切
唯有識無餘

此等聖教誠證非一。極成眼等識。五隨一故。如餘不親緣離自色等。餘識識故。如眼識等。亦不親緣離自

諸法。此親所緣。定非離此。二隨一故。如彼能緣。所緣法故。如相應法。決定不離心及心所。此等正理。誠證非一。故於唯識應深信受。我法非有。空識非無。離有離無。故契中道。慈尊依此說二頌言。

虛妄分別有　於此二都無　此中唯有空
於彼亦有此　故說一切法　非空非不空
有無及有故　是則契中道

此頌且依染依他說。理實亦有淨分依他。

若唯內識似外境起。寧見世間情非情物處時身用。定不定轉。如夢境等應釋此疑。

何緣世尊說十二處。依識所變。非別實有。爲入我空。說六二法。如遮斷見。說續有情。爲入法空。復說唯識。令知外法亦非有故。

此唯識性。豈不亦空。不爾。如何。非所執故。謂依識變妄執實法。理不可得。說爲法空。非無離言正智所證唯識性故。說爲法空。此識若無。便無俗諦。俗諦無故。眞諦亦無。眞俗相依而建立故。撥無二諦。是惡取空。諸佛說爲不可治者。應知諸法有空不空。由此慈尊說前二頌。

若諸色處亦識爲體。何緣乃似色相顯現。一類堅住。

相續而轉。名言熏習勢力起故。與染淨法爲依處故。謂此若無。應無顛倒。便無雜染。亦無淨法。是故諸識亦似色現。如有頌言。

亂相及亂體　應許爲色識　及與非色識

若無餘亦無

色等外境。分明現證。現量所得。寧撥爲無。現量證時。不執爲外。後意分別妄生外想。故現量境是自相分。識所變故。亦說爲有。意識所執外實色等。妄計有故。說彼爲無。又色等境。非色似色。非外似外。如夢所緣。不可執爲是實外色。

若覺時色皆如夢境不離識者。如從夢覺知彼唯心。何故覺時於自色境不知唯識。如夢未覺不能自知。要至覺時方能追覺。覺時境色應知亦爾。未眞覺位不能自知。至眞覺時亦能追覺。未得眞覺恆處夢中。故佛說爲生死長夜。由斯未了色境唯識。

外色實無。可非內識境。他心實有。寧非自所緣。誰說他心非自識境。但不說彼是親所緣。謂識生時無實作用。非如手等親執外物。日等舒光親照外境。但如鏡等似外境現。名了他心。非親能了。親所了者。謂自所變。故契經言。無有少法能取餘法。但識生時似彼相現。名取彼物。如緣他心色等亦爾。旣有異境。何名唯識。奇哉固執。觸處生疑。豈唯識教但說一識。不爾。如何。汝應諦聽。若唯一識。寧有十方凡聖尊卑因果等別。誰爲誰說。何法何求。故唯識言。有深意趣。識言總顯一切有情各有八識。六位心所。所變相見。分位差別。及彼空理所顯眞如。識自相故。識相應故。二所變故。三分位故。四實性故。如是諸法。皆不離識。總立識名。唯言但遮愚夫所執定離諸識實有色等。若如是知唯識教意。便能無倒善備資糧速入法空。證無上覺。救拔含識生死輪迴。非全撥無惡取空者。違背教理。能成是事。故定應信一切唯識。

若唯有識。都無外緣。由何而生種種分別。頌曰。

◎由一切種識◎如是如是變◎以展轉力故
◎彼彼分別生

論曰。一切種識。謂本識中能生自果功能差別。此生等流異熟。士用增上果。故名一切種。除離繫者。非種生故。彼雖可證。而非種果。要現起道斷結得故。有展轉義。非此所說。此說能生分別種故。此識爲體。故立識名。種離本識。無別性故。種識二言。簡非種識。有識非種。種非識故。又種識言。顯識中種。非持種識。後當說故。此識中種餘緣助故。卽便如是如是轉變。謂從生位轉至熟時。顯變種多。重言如是。謂一切種攝三熏習共不共等識種盡故。展轉力者。謂八現識及彼相應相見分等。彼皆互有相助力故。卽現識等總名分別。虛妄分別爲自性故。分別類多。故言彼彼。此頌意說。雖無外緣。由本識中有一切種轉變差別。及以現行八種識等展轉力故。彼彼分別而亦得生。何假外緣方起分別。諸淨法起應知亦然。淨種現行爲緣生故。

所說種現緣生分別。云何應知此緣生相。緣且有四。

一因緣。謂有爲法親辦自果。此體有二。一種子。二現行。種子者。謂本識中善染無記諸界地等功能差別。能引次後自類功能。及起同時自類現果。此唯望彼是因緣性。現行者。謂七轉識及彼相應所變相見性界地等。除佛果善極劣無記。餘熏本識生自類種。此唯望彼是因緣性。第八心品無所熏故。非簡所依獨能熏故。極微圓故。不熏成種。現行同類展轉相望皆非因緣。自種生故。一切異類展轉相望亦非因緣。不親生故。有說異類同類現行展轉相望爲因緣者。應知假說。或隨轉門。有唯說種是因緣性。彼依顯勝。非盡理說。聖說轉識與阿賴耶展轉相望為因緣故。
二等無間緣。謂八現識及彼心所前聚於後自類無
間等而開導。令彼定生。多同類種俱時轉故。如不相
應非此緣攝。由斯八識非互為緣。心所與心雖恆俱
轉而相應故和合似一。不可施設離別殊異故得互
作等無間緣。入無餘心最極微劣無開導用又無當
起等無間法故非此緣。云何知然。論有誠說若此識
等無間彼識等決定生即說此是彼等無間緣故。即
依此義應作是說。阿陀那識三界九地皆容互作等
無間緣。下上死生相開等故。有漏無間有無漏生。無

漏定無生有漏者。鏡智起已必無斷故。善與無記相
望亦然。此何界後引生無漏。或從色界或欲界後。謂
諸異生求佛果者定色界後引生無漏。後必生在淨
居天上大自在宮得菩提故。二乘迴趣大菩提者定
欲界後引生無漏。迴趣留身唯欲界故。彼雖必往大
自在宮方得成佛而本願力所留生身是欲界故。有
義色界亦有聲聞迴趣大乘願留身者。既與教理俱
不相違。是故聲聞第八無漏色界心後亦得現前。然
五淨居無迴趣者。經不說彼發大心故。第七轉識三
界九地亦容互作等無間緣。隨第八識生處繫故。有

漏無漏容互相生。十地位中得相引故。善與無記相望亦然。於無記中染與不染亦相開導。生空智果前後位中得相引故。此欲色界有漏得與無漏相生。非無色界。地上菩薩不生彼故。第六轉識三界九地有漏無漏善不善等各容互作等無間緣。潤生位等更相引故。初起無漏唯色界後。決擇分善唯色界故。眼耳身識二界二地。鼻舌兩識一界一地。自類互作等無間緣。善等相望應知亦爾。有義五識有漏無漏自類互作等無間緣。未成佛時容互起故。有義無漏有漏後起非無漏後容起有漏。無漏五識非佛無故。彼五色根定有漏故。是異熟識相分攝故。有漏不共必俱同境根。發無漏識理不相應故。此二於境明昧異故。

三所緣緣。謂若有法是帶已相心或相應所慮所託。此體有二。一親二疏。若與能緣體不相離是見分等內所慮託應知彼是親所緣緣。若與能緣體雖相離爲質能起內所慮託應知彼是疏所緣緣。親所緣緣能緣皆有。離內所慮託必不生故。疏所緣緣能緣或有離外所慮託亦得生故。第八心品有義唯有親所緣緣。隨業因力任運變故。有義亦定有疏所緣緣。要仗他變質。自方變故。有義二說俱不應理。自他身土可互受用。他所變者爲自質故。自種於他無受用理。他變爲此不應理故。非諸有情種皆等故。應說此品疏所緣緣。一切位中有無不定。第七心品未轉依位。是俱生故。必仗外質。故亦定有疏所緣緣。已轉依位。此非定有。緣眞如等無外質故。第六心品行相猛利。於一切位能自在轉。所仗外質或有或無。疏所緣緣有無不定。前五心品未轉依位。麤鈍劣故。必仗外質。故亦定有疏所緣緣。已轉依位。此非定有。緣過未等無外質故。

四增上緣。謂若有法有勝勢用。能於餘法或順或違。雖前三緣亦是增上。而今第四除彼取餘。爲顯諸緣差別相故。此順違用於四處轉。生住成得四事別故。然增上用隨事雖多。而勝顯者唯二十二。應知卽是二十二根。前五色根以本識等所變眼等淨色爲性。男女二根身根所攝故。卽以彼少分爲性。命根但依本識親種分位假立。非別有性。意根總以八識爲性。五受根如應各自受爲性。信等五根卽以信等及善念等而爲自性。未知當知根體位有三種。一根本位。謂在見道除後刹那。無所未知可當知故。二加行位。

謂煖頂忍世第一法近能引發根本位故三資糧位謂從爲得諦現觀故發起決定勝善法欲乃至未得順決擇分所有善根名資糧位能遠資生根本位故於此三位信等五根意喜樂捨爲此根性加行等位於後勝法求證愁慼亦有憂根非正善根故多不說前三無色有此根者有勝見道傍修得故或二乘位廻趣大者爲證法空地前亦起九地所攝生空無漏彼皆菩薩此根攝故菩薩見道亦有此根但說地前以時促故始從見道最後刹那乃至金剛喻定所有信等無漏九根皆是已知根性未離欲者於上解脫

求證愁慼亦有憂根非正善根故多不說諸無學位無漏九根一切皆是具知根性有頂雖有遊觀無漏而不明利非後三根二十二根自性如是諸餘門義如論應知

成唯識論卷第七

音釋

濤 徒刀切 大波也　藉 慈夜切 借也　中夭 於兆切 短折也　殞 羽敏切 終也　疲 蒲麋切 勞也　撥 北末切 絶也　鈍 徒困切 不利也

成唯識論卷第八

護法等菩薩造

唐三藏法師玄奘奉　詔譯

如是四緣依十五處義差別故立爲十因云何此依十五處立一語依處謂法名想所起語性卽依此處立隨說因謂依此語隨見聞等說諸義故此卽能說爲所說因有論說此是名想見由如名字取相執著隨起說故若依彼說便顯此因是語依處二領受依處謂所觀待能所受性卽依此處立觀待因謂觀待此令彼諸事或生或住或成或得此是彼觀待因三習氣依處謂內外種未成熟位卽依此處立牽引因謂能牽引遠自果故四有潤種子依處謂內外種已成熟位卽依此處立生起因謂能生起近自果故五無間滅依處謂心心所等無間緣六境界依處謂心心所所緣緣七根依處謂心心所所依六根八作用依處謂於所作業作具作用卽除種子餘助現緣九士用依處謂於所作業作者作用卽除種子餘作現緣十眞實見依處謂無漏見除引自種於無漏法能助引證總依此六立攝受因謂攝受五辦有漏法具攝受六辦無漏故十一隨順依處謂無記染善現種

諸行能隨順同類勝品諸法。即依此處立引發因。謂能引起同類勝行及能引得無爲法故。十二差別功能依處。謂有爲法各於自果有能起證差別勢力。即依此處立定異因。謂各能生自界等果及各能得自乘果故。十三和合依處。謂從領受乃至差別功能依處。於所生住成得果中有和合力。即依此處立同事因。謂從觀待乃至定異皆同生等一事業故。十四障礙依處。謂於生住成得事中能障礙法。即依此處立相違因。謂彼能違生等事故。十五不障礙依處。謂於生住成得事中不障礙法。即依此處立不相違因。謂彼不違生等事故。

如是十因二因所攝。一能生。二方便。菩薩地說牽引種子生起種子名能生因。所餘諸因方便因攝。此說牽引生起引發定異同事不相違中諸因緣種未成熟位名牽引種。已成熟位名生起種。彼六因中諸因緣種皆攝在此二位中。故雖有現起是能生因如四因中生自種者而多間斷。此略不說。或親辦果亦立種名。如說現行穀麥等種。所餘因謂初二五九及六因中非因緣法。皆是生熟因緣種餘。故總說爲方便因攝。非此二種唯屬彼二因。餘四因中有因緣種故。

非唯彼八名所餘因。彼二因亦有非因緣種故。有尋等地說。生起因是能生因。餘方便攝。此文意說六因中現種是因緣者皆名生起因。能親生起自類果故。此所餘因皆方便攝。非此生起唯屬彼因。餘五因中有因緣故。非唯彼九名所餘因。彼生起因中有非因緣故。或菩薩地所說牽引生起種子即彼二因。所餘諸因即彼餘八。雖二因內有非能生因。而因緣種勝顯故偏說。雖餘因內有非方便因。而增上者多顯故偏說。有尋等地說生起因是能生因。餘方便者。生起即是彼生起因。餘因應知即彼餘九。雖生起中有非

因緣種而去果近親顯故偏說。雖牽引中亦有因緣種而去果遠親隱故不說。餘方便攝準上應知。

所說四緣依何處立。復如何攝十因二因。論說因緣依種子立。依無間滅立等無間。依境界立所緣。依所餘立增上。此中種子即是三四十一。十二十三十五。六依處中因緣種攝。雖現四處亦有因緣而多間斷此略不說。或彼亦能親辦自果。如外麥等亦立種名。或種子言唯屬第四。親疏隱顯取捨如前。言無間滅境界處者。應知總顯二緣依處。非唯五六。餘依處中亦有中間二緣義故。或唯五六。餘處雖有而少隱故。

略不說之。論說因緣能生因攝。增上緣性卽方便因。中間二緣攝攝受因。攝雖方便內具後三緣。而增上多。故此偏說。餘因亦有中間二緣。然攝受中顯故偏說。

初能生攝進退如前。

所說因緣必應有果。此果有幾。依何處得。果有五種。一者異熟。謂有漏善及不善法所招自相續異熟生無記。二者等流。謂習善等所引同類。或似先業後果隨轉。三者離繫。謂無漏道斷障所證善無爲法。四者士用。謂諸作者假諸作具所辦事業。五者增上。謂除前四餘所得果。瑜伽等說習氣依處得異熟果。隨順

依處得等流果。眞見依處得離繫果。士用依處得士用果。所餘依處得增上果。習氣處言顯諸依處感異熟果一切功能。隨順處言顯諸依處引等流果一切功能。眞見處言顯諸依處證離繫果一切功能。士用處言顯諸依處招士用果一切功能。所餘處言顯諸依處得增上果一切功能。不爾便應太寬太狹。或習氣者唯屬第三。雖異熟因餘處亦有。此處亦有非異熟因。而異熟因去果相遠。習氣亦爾。故此偏說。隨順唯屬第十一處。雖等流果餘處亦得。此處亦得非等流果。而此因招勝行相顯。隨順亦爾。故偏說之。眞見

處言唯詮第十。雖證離繫。餘處亦能。此處亦能得非離繫。而此證離繫相顯。故偏說。士用處言唯詮第九。雖士用果。餘處亦招。此處亦能招增上等。而名相顯。是故偏說。所餘唯屬餘十一處。雖十一處亦得餘果。招增上果。餘處亦能。而此十一多招增上。餘已顯餘。故此偏說。如是卽說此五果中。若異熟果。牽引。生起。定異。同事。不相違因。增上緣得。若等流果。牽引。生起。攝受。引發。定異。同事。不相違因。初後緣得。若離繫果。攝受。引發。定異。同事。不相違因。增上緣得。若士用果。有義觀待。攝受。同事。不相違因。增上緣得。有義觀待。

牽引。生起。攝受。引發。定異。同事。不相違因。除所緣緣。餘三緣得。若增上果。十因四緣。一切容得。

傍論已了。應辨正論。本識中種容作三緣。生現分別。除等無間。謂各親種是彼因緣。爲所緣緣。於能緣者。若種於彼有能助力。或不障礙。是增上緣。生淨現行。應知亦爾。現起分別展轉相望容作三緣。無因緣故。謂有情類自他展轉容作二緣。除等無間。自八識聚。展轉相望定有增上緣。必無等無間。所緣緣義或無。或有。八於七有。七於八無。餘七非八所仗質故。第七於六五無。一有。餘六於彼一切皆無。第六於五無。餘五於彼有。五識唯託第八相故。自類前後第六容三。餘除所緣。取現境故。許五後見緣前相者。五七前後亦有三緣。前七於八所緣容有。能熏成彼相見種故。同聚異體展轉相望唯有增上。諸相應法所仗質同。不相緣故。或依見分說不相緣。依相分說有相緣義。謂諸相分互爲質起。如識中種爲觸等相質。不爾無色彼應無境故。設許變色亦定緣種。勿見分境不同質故。同體相分爲見二緣。見分於彼但有增上。見與自證相望亦爾。餘二展轉俱作二緣。此中不依種相分說。但說現起互爲緣故。淨八識聚自他展轉皆有

所緣。能偏緣故。唯除見分非相所緣。相分理無能緣用故。既現分別緣種現生。種亦理應緣現種起。現種於種能作幾緣。種必不由中二緣起。待心心所立彼二故。現於親種具作二緣。與非親種但爲增上。種望親種亦具二緣。於非親種亦但增上。依斯內識互爲緣起。分別因果。理教皆成。所執外緣設有無用。況違理教。何固執爲。雖分別言總顯三界心及心所。而隨勝者諸聖教中多門顯示。或說爲二三四五等。如餘論中具廣分別。

雖有內識而無外緣。由何有情生死相續。頌曰。

◎由諸業習氣◎二取習氣俱◎前異熟既盡
◎復生餘異熟

論曰。諸業謂福非福不動。卽有漏善不善思業。業之眷屬亦立業名。同招引滿異熟果故。此雖纔起無間卽滅。無義能招當異熟果。而熏本識起自功能。卽此功能說爲習氣。是業氣分。熏習所成。簡曾現業。故名習氣。如是習氣展轉相續至成熟時。招異熟果。此顯當果勝增上緣。相見名色。心及心所本末彼取皆二取攝。彼所熏發親能生彼本識上功能。名二取習氣。此顯來世異熟果心及彼相應諸因緣種。俱謂業種

二取種俱。是疏親緣互相助義。業招生顯。故頌先說。前異熟者。謂前前生業異熟果。餘異熟者。謂後後生業異熟果。雖二取種受果無窮。而業習氣受果有盡。由異熟果性別難招。等流增上性同易感。由感餘生業等種熟。前異熟果受用盡時。復別能生餘異熟果。由斯生死輪轉無窮。何假外緣方得相續。此頌意說由業二取生死輪迴。皆不離識。心心所法爲彼性故。

復次生死相續由諸習氣。然諸習氣總有三種。一名言習氣。謂有爲法各別親種。名言有二。一表義名言。卽能詮義音聲差別。二顯境名言。卽能了境心心所

法隨二名言所熏成種作有爲法各別因緣二我執習氣謂虛妄執我我所種我執有二一俱生我執卽修所斷我我所執二分別我執卽見所斷我我所執隨二我執所熏成種令有情等自他差別三有支習氣謂招三界異熟業種有支有二一有漏善卽是能招可愛果業二諸不善卽是能招非愛果業隨二有支所熏成種令異熟果善惡趣別應知我執有支習氣於差別果是增上緣此頌所言業習氣者應知卽是有支習氣二取習氣應知卽是我執名言二種習氣取我我所及取名言而熏成故皆說名取俱等餘文義如前釋

復次生死相續由惑業苦發業潤生煩惱名惑能感後有諸業名業業所引生衆苦名苦惑業苦種皆名習氣前二習氣與生死苦爲增上緣助生苦故第三習氣望生死苦能作因緣親生苦故頌三習氣如應當知惑苦名取能所取故取是著義業不得名俱等餘文義如前釋

此惑業苦應知總攝十二有支謂從無明乃至老死如論廣釋然十二支略攝爲四一能引支謂無明行能引識等五果種故此中無明唯取能發正感後世

善惡業者。即彼所發乃名爲行。由此一切順現受業。別助當業皆非行支。二所引支。謂本識內親生當來異熟果攝識等五種。是前二支所引發故。此中識種。謂本識因。除後三因。餘因皆是名色種攝。後之三因。如名次第。即後三種。或名色種總攝五因。於中隨勝。立餘四種。六處與識總別亦然。集論說識亦是能引。識中業種名識支故。異熟識種名色攝故。經說識支通能所引。業種識種俱名識故。識是名色依非名色攝故。識等五種。由業熏發。雖實同時。而依主伴總別。勝劣因果相異。故諸聖教假說前後。或依當來現起

分位有次第故。說有前後。由斯識等亦說現行。因時定無現行義故。復由此說生引同時。潤未潤時必不俱故。三能生支。謂愛取有。近生當來生老死故。謂緣迷內異熟果愚。發正能招後有諸業爲緣。引發親生當來生老死位五果種已。復依迷外增上果愚。緣境界受發起貪愛。緣愛復生欲等四取。愛取合潤。能引業種及所引因。轉名爲有。俱能近有後有果故。有處唯說業種名有。此能正感異熟果故。復有唯說五種名有。親生當來識等種故。四所生支。謂生老死。是愛取有近所生故。謂從中有至本有中。未衰變來皆生

支攝諸衰變位。總名為老。身壞命終。乃名為死。老非
定有。附死立支。
病何非支。不徧定故。老雖不定。徧故立支。諸界趣生
除中天者。將終皆有衰朽行故。名色不徧。何故立支。
定故立支。胎卵溼生者。六處未滿。定有名色。故又名
色支。亦是徧有。有色化生。初受生位。雖具五根。而未
有用。爾時未名六處支故。初生無色。雖定有意根。而
不明了。未名意處。故由斯論說。十二有支。一切一分
上二界有。愛非徧有。寧別立支。生惡趣者。不愛彼故。
定故別立。不求無有。生善趣者。定有愛故。不還潤生。

愛雖不起。然如彼取。定有種故。又愛亦徧。生惡趣者
於現我境。亦有愛故。依無希求惡趣身愛。經說非有。
非彼全無。何緣所生。立生老死。所引別立識等五支。
因位難知差別相故。依當果位。別立五支。謂續生時。
因識相顯。次根未滿。名色相增。次根滿時。六處明盛。
依斯發觸。因觸起受。爾時乃名受果究竟。依此果位
立因為五。果位易了差別相故。總立二支。以顯三苦。
然所生果。若在未來。為生厭故。說生老死。若至現在。
為令了知分位相生。說識等五。何緣發業。總立無明。
潤業位中。別立愛取。雖諸煩惱皆能發潤。而發業位。

無明力增以具十一殊勝事故。謂所緣等廣如經說。於潤業位愛力偏增。說愛如水能沃潤故。要數溉灌方生有芽。且依初後分愛取二。無重發義立一無明。雖取支中攝諸煩惱而愛潤勝說是愛增。諸緣起支皆依自地有所發行。依他無明如下無明發上地行。不爾初伏下地染者所起上定應非行支。彼地無明猶未起故。從上下地生下上者。彼緣何受而起愛支。彼愛亦緣當生地受。若現若種於理無違。此十二支十因二果定不同世。因中前七與愛取有或異或同。若二三七各定同世。如是十二一重因果足顯輪轉

及離斷常。施設兩重實為無用。或應過此便致無窮。此十二支義門別者。九實三假。已潤六支合為有故。即識等五三相位別名生等故。五是一事。謂無明識觸受愛五。餘非一事。三唯是染煩惱性故。七唯不染異熟果故。七分位中容起染故假說通二。餘通二種。無明愛取說名獨相。不與餘支相交雜故。餘是雜相。六唯非色。謂無明識觸受愛取。餘通二種。皆是有漏。唯有為攝。無漏無為非有支故。無明愛取唯通不善有覆無記。行唯善惡。有通善惡無覆無記。餘七唯是無覆無記。七分位中亦起善染。雖皆通三界而有分

有全。上地行支。能伏下地。卽麤苦等六種行相。有求上生。而起彼故。一切皆唯非學無學。聖者所起有漏善業明爲緣故。違有支故。非有支攝。由此應知聖必不造感後有業。於後苦果不迷求故。雜修靜慮資下故業。生淨居等。於理無違。有義無明唯見所斷。要迷諦理能發行故。聖必不造後有業故。愛取二支唯修所斷。貪求當有而潤生故。九種命終心俱生愛俱故。餘九皆通見修所斷。有義一切皆通二斷。論說預流果已斷一切一分有支。無全斷者。故若無明支唯見所斷。寧說預流無全斷者。若愛取支唯修所斷。寧說彼已斷一切支一分。又說全界一切煩惱皆能結生往惡趣行。唯分別起煩惱能發。不言潤生唯修所斷。諸感後有行。皆見所斷發。由此故知無明愛取三支。亦通見修所斷。然無明支正發行者。唯見所斷助者不定。愛取二支正潤生者。唯修所斷助者不定。又染汙法自性應斷。對治起時彼永斷故。一切有漏不染汙法非性應斷。不違道故。然有二義說之爲斷。一離縛故。謂斷緣彼雜彼煩惱。二不生故。謂斷彼依令永不起。依離縛斷說有漏善無覆無記唯修所斷。依不生斷說諸惡趣無想定等唯見所斷。說十二支通二斷者。於前諸斷。如應當知。十樂捨俱。受不與受共相應故。老死位中。多分無樂及容捨故。十一苦俱。非受俱故。十一少分壞苦所攝。老死位中。多無樂受。依樂立壞。故不說之。十二少分苦苦所攝。一切支中有苦受故。十二全分行苦所攝。諸有漏法皆行苦故。依捨受說。十一少分。除老死支。如壞苦說。實義如是。諸聖教中。隨彼相增所說不定。皆苦諦攝。取蘊性故。五亦集諦攝。業煩惱性故。諸支相望增上定有。餘之三緣有無不定。契經依定唯說有一。愛望於取。有望於生。有因緣義。若說識支是業種者。行望於識亦作因緣。

餘支相望無因緣義。而集論說無明望行有因緣者。依無明時業習氣說。無明俱故。假說無明實是行種。瑜伽論說諸支相望無因緣者。依現愛取唯業有說。無明望行。愛望於取。生望老死。有餘二緣。有望於生。受望於愛。無等無間有所緣緣。餘支相望。二俱非有。此中且依鄰近順次不相雜亂實緣起說。異此相望爲緣不定。諸聽慧者。如理應思。惑業苦三攝十二者。無明愛取是惑所攝。行有一分是業所攝。七有一分是苦所攝。有處說業全攝有者。應知彼依業有說故。有處說識業所攝者。彼說業種爲識支故。惑業所招獨名苦者。唯苦諦攝。爲生厭故。由惑業苦卽十二支。

故此能令生死相續。

復次生死相續。由內因緣。不待外緣。故唯有識。因謂有漏無漏二業。正感生死。故說爲因。緣謂煩惱所知二障。助感生死。故說爲緣。所以者何。生死有二。一分段生死。謂諸有漏善不善業。由煩惱障緣助勢力。所感三界麤異熟果。身命短長。隨因緣力。有定齊限。故名分段。二不思議變易生死。謂諸無漏有分別業。由所知障緣助勢力。所感殊勝細異熟果。由悲願力。改轉身命。無定齊限。故名變易。無漏定願。正所資感。妙用難測。名不思議。或名意成身。隨意願成故。如契經說。如取爲緣。有漏業因。續後有者。而生三有。如是無明習地爲緣。無漏業因。有阿羅漢獨覺已得自在菩薩。生三種意成身。亦名變化身。無漏定力。轉令異本。如變化故。

如有論說。聲聞無學永盡後有。云何能證無上菩提。依變化身。證無上覺。非業報身。故不違理。若所知障助無漏業能感生死。二乘定性應不永入無餘涅槃。如諸異生拘煩惱故。如何道諦實能感苦。誰言實感。不爾如何。無漏定願。資有漏業。令所得果。相續長時。

展轉增勝。假說名感。如是感時。由所知障爲緣助力。
非獨能感。然所知障不障解脫。無能發業潤生用故。
何用資感生死苦爲。自證菩提。利樂他故。謂不定性
獨覺聲聞及得自在大願菩薩。已永斷伏煩惱障故。
無容復受當分段身。恐廢長時修菩薩行。遂以無漏
勝定願力。如延壽法。資現身因。令彼長時與果不絕。
數數如是定願資助。乃至證得無上菩提。彼復何須
所知障助。旣未圓證無相大悲。不執菩提有情實有。
無由發起猛利悲願。又所知障障大菩提。爲永斷除。
畱身久住。又所知障爲有漏依。此障若無。彼定非有。

故於身住。有大助力。若所畱身有漏定願所資助者。
分段身攝。二乘異生所知境故。無漏定願所資助者。
變易身攝。非彼境故。由此應知變易生死。性是有漏
異熟果攝。於無漏業。是增上果。有聖敎中說爲無漏
出三界者。隨助因說。
頌中所言諸業習氣。卽前所說二業種子。二取習氣
卽前所說二障種子。俱執著故。俱等餘文。義如前釋。
變易生死。雖無分段前後異熟別盡別生。而數資助。
前後改轉。亦有前盡餘復生義。雖亦由現生死相續
而種定有。頌偏說之。或爲顯示眞異熟因果皆不離

本識故不說現。現異熟因不卽與果。轉識間斷非異熟故。前中後際。生死輪迴。不待外緣。既由內識。淨法相續應知亦然。謂無始來依附本識有無漏種。由轉識等數數熏發漸漸增勝。乃至究竟得成佛時。轉捨本來雜染識種。轉得始起清淨種識。任持一切功德種子。由本願力盡未來際起諸妙用相續無窮。由此應知唯有內識。

若唯有識。何故世尊處處經中說有三性。應知三性亦不離識。所以者何。頌曰。

◎由彼彼徧計◎徧計種種物◎此徧計所執

◎自性無所有◎依他起自性◎分別緣所生

◎圓成實於彼◎常遠離前性◎故此與依他

◎非異非不異◎如無常等性◎非不見此彼

論曰。周徧計度。故名徧計。品類衆多。說爲彼彼。謂能徧計虛妄分別。卽由彼彼虛妄分別。徧計種種所徧計物。謂所妄執蘊處界等若法若我自性差別。此所妄執自性差別。總名徧計所執自性。如是自性都無所有。理教推徵。不可得故。或初句顯能徧計識。第二句示所徧計境。後半方申徧計所執若我若法自性非有。已廣顯彼不可得故。初能徧計自性云何。有義八識及諸心所有漏攝者。皆能徧計。虛妄分別爲自性故。皆似所取能取現故。說阿賴耶以徧計所執自性妄執種爲所緣故。有義第六第七心品執我法者。是能徧計。唯說意識能徧計故。意及意識名意識故。計度分別能徧計故。執我法者必是慧故。二執必與無明俱故。不說無明有善性故。癡無癡等不相應故。不見有執導空智故。執有執無不俱起故。曾無有執非能熏故。有漏心等不證實故。一切皆名虛妄分別。雖似所取能取相現。而非一切能徧計攝。勿無漏心亦有執故。如來後得應有執故。經說佛智現身土等

種種影像。如鏡等故。若無緣用應非智等。雖說藏識緣徧計種。而不說唯。故非誠證。由斯理趣。唯於第六第七心品有能徧計。識品雖二。而有二三四五六七八九十等。徧計不同。故言彼彼。次所徧計自性云何。攝大乘說是依他起。徧計心等所緣緣故。圓成實性寍非彼境。眞非妄執所緣境故。依展轉說。亦所徧計徧計所執雖是彼境。而非所緣緣故非所徧計。

徧計所執其相云何。與依他起復有何別。有義三界心及心所。由無始來虛妄熏習。雖各體一。而似二生。謂見相分。卽能所取。如是二分。情有理無。此相說爲

徧計所執。二所依體實託緣生。此性非無名依他起。虛妄分別緣所生故。云何知然。諸聖教說虛妄分別。是依他起。二取名爲徧計所執。有義一切心及心所。由熏習力所變二分。從緣生故。亦依他起。徧計依斯妄執定實有無一異俱不俱等。此二方名徧計所執。諸聖教說唯量唯二種種皆名依他起故。又相等四法。十一識等論皆說爲依他起攝故。不爾無漏後得智品二分應名徧計所執。許應聖智不緣彼生。緣彼智品應非道諦。不許應知有漏亦爾。又若二分是徧計所執。應如兔角等非所緣緣。徧計所執體非有故。

又應二分不熏成種。後識等生應無二分。又諸習氣是相分攝。豈非有法能作因緣。若緣所生內相見分非依他起。二所依體例亦應然。無異因故。由斯理趣衆緣所生心心所體及相見分有漏無漏皆依他起。

依他衆緣而得起故。

頌言分別緣所生者。應知且說染分依他。淨分依他亦圓成故。或諸染淨心心所法皆名分別能緣慮故。是則一切染淨依他皆是此中依他起攝。

二空所顯圓滿成就諸法實性名圓成實。顯此徧常體非虛謬。簡自共相虛空我等。無漏有爲離倒究竟。

勝用周徧。亦得此名。然今頌中說初非後。此卽於彼依他起上。常遠離前徧計所執。二空所顯眞如爲性。說於彼言。顯圓成實與依他起不卽不離。常遠離言。顯妄所執能所取性理恆非有。前言義顯不空依他。性顯二空非圓成實。眞如離有離無性故。

由前理故。此圓成實與彼依他起非異非不異。異應眞如非彼實性。不異此性應是無常。彼此俱應淨非淨境。則本後智用應無別。云何二性非異非一。如彼無常無我等性。無常等性與行等法異應彼法非無常等。不異此應非彼共相。由斯喻顯此圓成實與彼

依他非一非異。法與法性理必應然。勝義世俗相待有故。非不證見此圓成實而能見彼依他起性。未達徧計所執性空。不如實知依他有故。無分別智證眞如已。後得智中方能了達依他起性如幻事等。雖無始來心心所法已能緣自相見分等。而我法執恆俱行故。不如實知衆緣所引自心心所虛妄變現。猶如幻事陽燄夢境鏡像光影谷響水月變化所成。非有似有。依如是義。故有頌言。

非不見眞如　而能了諸行　皆如幻事等
雖有而非眞

此中意說三種自性皆不遠離心心所法。謂心心所及所變現衆緣生故。如幻事等。非有似有。誑惑愚夫。一切皆名依他起性。愚夫於此橫執我法有無一異俱不俱等。如空華等。性相都無。一切皆名徧計所執。依他起上。彼所妄執我法俱空。此空所顯識等眞性。名圓成實。是故此三不離心等。

虛空擇滅非擇滅等何性攝耶。三皆容攝。心等變似虛空等相。隨心生故。依他起攝。愚夫於中妄執實有。此卽徧計所執性攝。若於眞如假施設有虛空等義。圓成實攝。有漏心等定屬依他。無漏心等容二性攝。

衆緣生故。攝屬依他。無顛倒故。圓成實攝。如是三性與七眞如云何相攝。七眞如者。一流轉眞如。謂有爲法流轉實性。二實相眞如。謂二無我所顯實性。三唯識眞如。謂染淨法唯識實性。四安立眞如。謂苦實性。五邪行眞如。謂集實性。六淸淨眞如。謂滅實性。七正行眞如。謂道實性。此七實性圓成實攝。根本後得二智境故。隨相攝者。流轉苦集三。前二性攝。妄執雜染故。餘四皆是圓成實攝。三性六法相攝云何。彼六法中皆具三性。色受想行識及無爲皆有妄執緣生理故。三性五事相攝云何。諸聖教說相攝不定。謂或有處說依他起攝彼相名分別正智。圓成實性攝彼眞如。徧計所執不攝五事。彼說有漏心心所法變似所詮說名爲相。似能詮現施設爲名。能變心等立爲分別。無漏心等離戲論故。但總名正智。不說能所詮。四從緣生。皆依他攝。或復有處說依他起攝相分別。徧計所執唯攝彼名。正智眞如圓成實攝。彼說有漏心及心所相分名相。餘名分別。徧計所執都無體故。爲顯非有假說爲名。二無倒故圓成實攝。或有處說依他起性唯攝分別。徧計所執攝彼相名。正智眞如圓成實攝。彼說有漏心及心所相見分等總名分別。虛

妄分別爲自性故。徧計所執能詮所詮隨情立爲名相二事。復有處說名屬依他起性。義屬徧計所執。彼說有漏心心所法相見分等由名勢力成所徧計。故說爲名。徧計所執隨名橫計體實非有假立義名。諸聖教中所說五事文雖有異而義無違。然初所說不相雜亂。如瑜伽論廣說應知。又聖教中說有五相。此與三性相攝云何。所詮能詮各具三性。謂妄所計屬初性攝。相名分別隨其所應所詮能詮屬依他起。眞如正智隨其所應所詮能詮屬圓成實。後得變似能詮相故。二相屬相。唯初性攝。妄執義名定相屬故。彼

執著相唯依他起虛妄分別爲自性故不執著相唯圓成實無漏智等爲自性故又聖教中說四眞實與此三性相攝云何世間道理所成眞實依他起攝三事攝故二障淨智所行眞實圓成實攝二事攝故辯中邊論說初眞實唯初性攝共所執故第二眞實通屬三性理通執無執雜染淸淨故後二眞實唯屬第三三性四諦相攝云何四中一一皆具三性且苦諦中無常等四各有三性無常三者一無性無常性常無故二起盡無常有生滅故三垢淨無常位轉變故苦有三者一所取苦我法二執所依取故二事相苦

三苦相故三和合苦苦相合故空有三者一無性空性非有故二異性空與妄所執自性異故三自性空二空所顯爲自性故無我三者一無相無我我相無故二異相無我與妄所執我相異故三自相無我無我所顯爲自相故集諦三者一習氣集謂徧計所執自性執習氣執彼習氣假立彼名二等起集謂業煩惱三未離繫集謂未離障眞如滅諦三者一自性滅自性不生故二二取滅謂擇滅二取不生故三本性滅謂眞如故道諦三者一徧知道能知徧計所執故二永斷道能斷依他起故三作證道能證圓成實故

然徧知道亦通後二。七三三性。如次配釋。今於此中所配三性。或假或實。如理應知。三解脫門所行境界。與此三性相攝云何。理實皆通。隨相各一。空無願相如次應知。緣此復生三無生忍。一本性無生忍。二自然無生忍。三惑苦無生忍。如次此三是彼境故。此三云何攝彼二諦。應知世俗具此三種。勝義唯是圓成實性。世俗有三。一假世俗。二行世俗。三顯了世俗。如次應知卽此三性。勝義有三。一義勝義。謂眞如。勝之義故。二得勝義。謂涅槃。勝卽義故。三行勝義。謂聖道。勝爲義故。無變無倒。隨其所應。故皆攝在圓成實性。

如是三性。何智所行。徧計所執。都非智所行。以無自體。非所緣緣故。愚夫執有。聖者達無。亦得說爲凡聖智境。依他起性。二智所行。圓成實性。唯聖智境。此三性中。幾假幾實。徧計所執。妄安立故。可說爲假。無體相故。非假非實。依他起性。有實有假。聚集相續分位性故。說爲假。有心心所色從緣生故。說爲實。有若無實法。假法亦無。假依實因而施設故。圓成實性唯是實有。不依他緣而施設故。此三爲異爲不異耶。應說俱非。無別體故。妄執緣起眞義別故。如是三性義類無邊。恐厭繁文。略示綱要。

卷八終

成唯識論卷第九

護法等菩薩造

唐三藏法師玄奘奉　詔譯

若有三性。如何世尊說一切法皆無自性。頌曰。

◎即依此三性◎立彼三無性◎故佛密意說
◎一切法無性◎初即相無性◎次無自然性
◎後由遠離前◎所執我法性◎此諸法勝義
◎亦即是眞如◎常如其性故◎即唯識實性

論曰。即依此前所說三性。立彼後說三種無性。謂即相生勝義無性。故佛密意說一切法皆無自性。非性

全無。說密意言。顯非了義。謂後二性雖體非無。而有愚夫於彼增益妄執實有我法自性。此即名爲偏計所執。爲除此執。故佛世尊於有及無總說無性。

云何依此而立彼三。謂依此初偏計所執。立相無性。由此體相畢竟非有。如空華故。依次依他。立生無性。此如幻事託衆緣生。無如妄執自然性故。假說無性。非性全無。依後圓成實。立勝義無性。謂即勝義。由遠離前偏計所執我法性故。假說無性。非性全無。如太虛空雖偏衆色。而是衆色無性所顯。雖依他起非勝義故。亦得說爲勝義無性。而濫第二。故此不說。

此性即是諸法勝義。是一切法勝義諦故。然勝義諦略有四種。一世間勝義。謂蘊處界等。二道理勝義。謂苦等四諦。三證得勝義。謂二空眞如。四勝義勝義。謂一眞法界。此中勝義。依最後說。是最勝道所行義故。爲簡前三。故作是說。此諸法勝義。亦即是眞如。眞謂眞實。顯非虛妄。如謂如常。表無變易。謂此眞實。於一切位常如其性。故曰眞如。即是湛然不虛妄義。亦言顯此復有多名。謂名法界及實際等。如餘論中隨義廣釋。此性即是唯識實性。謂唯識性略有二種。一者虛妄。謂徧計所執。二者眞實。謂圓成實性。爲簡虛妄。說實性言。復有二性。一者世俗。謂依他起。二者勝義。謂圓成實。爲簡世俗。故說實性。

三頌總顯諸契經中說無性言。非極了義。諸有智者不應依之。總撥諸法都無自性。

如是所成唯識相性。誰於幾位。如何悟入。謂具大乘二種性者。略於五位漸次悟入。何謂大乘二種種性。一本性住種性。謂無始來依附本識。法爾所得無漏法因。二習所成種性。謂聞法界等流法已。聞所成等熏習所成。要具大乘此二種性。方能漸次悟入唯識。何謂悟入唯識五位。一資糧位。謂修大乘順解脫分。

二加行位。謂修大乘順決擇分。三通達位。謂諸菩薩所住見道。四修習位。謂諸菩薩所住修道。五究竟位。謂住無上正等菩提。云何漸次悟入唯識。謂諸菩薩於識相性資糧位中能深信解。在加行位能漸伏除所取能取。引發眞見。在通達位如實通達。修習位中如所見理數數修習。伏斷餘障。至究竟位出障圓明。能盡未來化有情類。復令悟入唯識相性。

初資糧位其相云何。頌曰。

◎乃至未起識◎求住唯識性◎於二取隨眠

◎猶未能伏滅

論曰。從發深固大菩提心。乃至未起順決擇識。求住唯識眞勝義性。齊此皆是資糧位攝。爲趣無上正等菩提。修習種種勝資糧故。爲有情故。勤求解脫。由此亦名順解脫分。此位菩薩依因善友作意資糧四勝力故。於唯識義雖深信解。而未能了能所取空。多住外門修菩薩行。故於二取所引隨眠。猶未有能伏滅功力。令彼不起二取現行。此二取言顯二取取。執取能取所取性故。二取習氣名彼隨眠。隨逐有情眠伏藏識。或隨增過。故名隨眠。卽是所知煩惱障種。煩惱障者。謂執徧計所執實我薩迦耶見而爲上首。百二

十八根本煩惱及彼等流諸隨煩惱此皆擾惱有情
身心能障涅槃名煩惱障所知障者謂執徧計所執
實法薩迦耶見而爲上首見疑無明愛恚慢等覆所
知境無顛倒性能障菩提名所知障此所知障決定
不與異熟識俱彼微劣故不與無明慧相應故法空
智品與俱起故七轉識內隨其所應或少或多如煩
惱說眼等五識無分別故法見疑等定不相應餘由
意力皆容引起此障但與不善無記二心相應論說
無明唯通不善無記性故癡無癡等不相應故煩惱
障中此障必有彼定用此爲所依故體雖無異而用

有別故二隨眠隨聖道用有勝有劣斷或前後此於
無覆無記性中是異熟生非餘三種彼威儀等勢用
薄弱非覆所知障菩提故此名無覆望二乘說若望
菩薩亦是有覆若所知障有見疑等如何此種契經
說爲無明住地無明增故總名無明非無見等如煩
惱種立見一處欲色有愛四住地名豈彼更無慢無
明等如是二障分別起者見所斷攝任運起者修所
斷攝二乘但能斷煩惱障菩薩俱斷永斷二種唯聖
道能伏二現行通有漏道菩薩住此資糧位中二麤
現行雖有伏者而於細者及二隨眠止觀力微未能

伏滅。

此位未證唯識眞如。依勝解力修諸勝行。應知亦是解行地攝。所修勝行其相云何。略有二種。謂福及智。諸勝行中慧爲性者皆名爲智。餘名爲福。且依六種波羅蜜多。通相皆二。別相前五說爲福德。第六智慧。或復前三唯福德攝。後一唯智。餘通二種。復有二種。謂利自他。所修勝行隨意樂力。一切皆通自他利行。依別相說。六到彼岸菩提分等自利行攝。四種攝事四無量等。一切皆是利他行攝。如是等行差別無邊。皆是此中所修勝行。此位二障雖未伏除。修勝行時

有三退屈。而能三事練磨其心。於所證修勇猛不退。一聞無上正等菩提廣大深遠。心便退屈。引他已證大菩提者。練磨自心勇猛不退。二聞施等波羅蜜多甚難可修。心便退屈。省已意樂能修施等。練磨自心。勇猛不退。三聞諸佛圓滿轉依極難可證。心便退屈。引他麤善況已妙因。練磨自心勇猛不退。由斯三事練磨其心。堅固熾然修諸勝行。

次加行位。其相云何。頌曰。

◎現前立少物◎謂是唯識性◎以有所得故
◎非實住唯識

論曰菩薩先於初無數刼善備福德智慧資糧順解脫分既圓滿已爲入見道住唯識性復修加行伏除二取謂煖頂忍世第一法此四總名順決擇分順趣眞實決擇分故近見道故立加行名非前資糧無加行義煖等四法依四尋思四如實智初後位立四尋思者尋思名義自性差別假有實無如實徧知此四離識及識非有名如實智名義相異故別尋求二二相同故合思察依明得定發下尋思觀無所取立爲煖位謂此位中創觀所取名等四法皆自心變假施設有實不可得初獲慧日前行相故立明得名即此所獲道火前相故亦名煖依明增定發上尋思觀無所取立爲頂位謂此位中重觀所取名等四法皆自心變假施設有實不可得明相轉盛故名明增尋思位極故復名頂依印順定發下如實智於無所取決定印持無能取中亦順樂忍既無實境離能取識寧有實識離所取境所取能取相待立故印順忍時總立爲忍印前順後立印順名忍境識空故亦名忍依無間定發上如實智印二取空立世第一法謂前上忍唯印能取空今世第一法二空雙印從此無間必入見道故立無間名異生法中此最勝故名世第一

法。如是煖頂依能取識觀所取空。下忍起時印境空相。中忍轉位於能取識如境是空順樂忍可上忍起位。印能取空。世第一法雙印空相。皆帶相故未能證實故說菩薩此四位中猶於現前安立少物。謂是唯識眞勝義性。以彼空有二相未除。帶相觀心有所得故非實安住眞唯識理。彼相滅已方實安住。依如是義故有頌言。

菩薩於定位　觀影唯是心　義相既滅除
審觀唯自想　如是住內心　知所取非有
次能取亦無　後觸無所得

此加行位未遣相縛。於麤重縛亦未能斷。唯能伏除分別二取。違見道故。於俱生者及二隨眠。有漏觀心有所得故有分別故未全伏除。全未能滅。此位菩薩於安立諦非安立諦俱學觀察。爲引當來二種見故。及伏分別二種障故。非安立諦是正所觀。非如二乘唯觀安立。

菩薩起此煖等善根。雖方便時通諸靜慮。而依第四。方得成滿。託最勝依入見道故。唯依欲界善趣身起。餘慧厭心非殊勝故。此位亦是解行地攝。未證唯識眞勝義故。

次通達位。其相云何。頌曰。

◎若時於所緣◎智都無所得◎爾時住唯識

◎離二取相故

論曰。若時菩薩於所緣境無分別智都無所得。不取種種戲論相故。爾時乃名實住唯識眞勝義性。即證眞如。智與眞如平等平等。俱離能取所取相故。能所取相俱是分別。有所得心戲論現故。

有義此智二分俱無。說無所取能取相故。有義此智相見俱有。帶彼相起名緣彼故。若無彼相名緣彼者。應色智等名聲等智。若無見分應不能緣。寧可說爲緣眞如智。勿眞如性亦名能緣。故應許此定有見分。

有義此智見有相無。說無相取不取相故。雖有見分而無分別。說非能取非取全無。雖無相分而可說此帶如相起。不離如故。如自證分緣見分時。不變而緣。此亦應爾。變而緣者便非親證。如後得智應有分別。故應許此有見無相。

加行無間此智生時。體會眞如名通達位。初照理故。亦名見道。

然此見道略說有二。一眞見道。謂即所說無分別智。實證二空所顯眞理。實斷二障分別隨眠。雖多刹那

事方究竟而相等故總說一心有義此中二空二障
漸證漸斷以有淺深麤細異故有義此中二空二障
頓證頓斷由意樂力有堪能故二相見道此復有二
一觀非安立諦有三品心一內遣有情假緣智能除
輭品分別隨眠二內遣諸法假緣智能除中品分別
隨眠三徧遣一切有情諸法假緣智能除一切分別
隨眠前二名法智各別緣故第三名類智總合緣故
法眞見道二空見分自所斷障無間解脫別總建立
名相見道有義此三是眞見道以相見道緣四諦故
有義此三是相見道以眞見道不別緣故

二緣安立諦有十六心此復有二一者依觀所取能
取別立法類十六種心謂於苦諦有四種心一苦法
智忍謂觀三界苦諦眞如正斷三界見苦所斷二十
八種分別隨眠二苦法智謂忍無間觀前眞如證前
所斷煩惱解脫三苦類智忍謂智無間無漏慧生於
法忍智各別內證言後聖法皆是此類四苦類智謂
此無間無漏智生審定印可苦類智忍如於苦諦有
四種心集滅道諦應知亦爾此十六心八觀眞如八
觀正智法眞見道無間解脫見自證分差別建立名
相見道二者依觀下上諦境別立法類十六種心謂

觀現前不現前界。苦等四諦各有二心。一現觀忍。二現觀智。如其所應法眞見道無間解脫見分觀諦斷見所斷百一十二分別隨眠名相見道。

若依廣布聖教道理說相見道有九種心。此卽依前緣安立諦二十六種止觀別立。謂法類品忍智合說。各有四觀卽爲八心。八相應止總說爲一。雖見道中止觀雙運而於見義觀順非止。故此觀止開合不同。由此九心名相見道。

諸相見道依眞假說。世第一法無間而生及斷隨眠。非實如是。眞見道後方得生故。非安立後起安立故。

分別隨眠眞已斷故。前眞見道證唯識性。後相見道證唯識相。二中初勝故頌偏說。

前眞見道根本智攝。後相見道後得智攝。諸後得智有二分耶。有義俱無。離二取故。有義此智見有相無。說此智品有分別故。聖智皆能親照境故。不執著故。說離二取。有義此智二分俱有。說此思惟似眞如相。不見眞實眞如性故。又說此智分別諸法自共相等。觀諸有情根性差別而爲說故。又說此智現身土等。爲諸有情說正法故。若不變現似色聲等寧有現身說法等事。轉色蘊依不現色者。轉四蘊依應無受等。

又若此智不變似境離自體法應非所緣緣色等時應緣聲等又緣無法等應無所緣緣彼體非實無緣用故由斯後智二分俱有

此二見道與六現觀相攝云何六現觀者一思現觀謂最上品喜受相應思所成慧此能觀察諸法共相引生煗等加行道中觀察諸法此用最猛偏立現觀煗等不能廣分別法又未證理故非現觀二信現觀謂緣三寶世出世間決定淨信此助現觀令不退轉立現觀名三戒現觀謂無漏戒除破戒垢令觀增明亦名現觀四現觀智諦現觀謂一切種緣非安立根

本後得無分別智五現觀邊智諦現觀謂現觀智諦現觀後諸緣安立世出世智六究竟現觀謂盡智等究竟位智此真見道攝彼第四現觀少分此相見道攝彼第四第五少分彼第二三雖此俱起而非自性故不相攝

菩薩得此二見道時生如來家住極喜地善達法界得諸平等常生諸佛大集會中於多百門已得自在自知不久證大菩提能盡未來利樂一切

次修習位其相云何頌曰

◎無得不思議◎是出世間智◎捨二麤重故

◎便證得轉依

論曰。菩薩從前見道起已。爲斷餘障證得轉依。復數修習無分別智。此智遠離所取能取。故說無得。及不思議。或離戲論說爲無得。妙用難測。名不思議。是出世間無分別智。斷世間故名出世間。二取隨眠是世間本。唯此能斷。獨得出名。或出世名依二義立。謂體無漏及證眞如。此智具斯二種義故。獨名出世。餘智不然。卽十地中無分別智。數修此故捨二麤重。二障種子立麤重名。性無堪任違細輕故。令彼永滅故說爲捨。此能捨彼二麤重故。便能證得廣大轉依。依謂

所依卽依他起。與染淨法爲所依故。染謂虛妄徧計所執。淨謂眞實圓成實性。轉謂二分轉捨轉得。由數修習無分別智。斷本識中二障麤重。故能轉捨依他起上徧計所執及能轉得依他起中圓成實性。由轉煩惱得大涅槃。轉所知障證無上覺。成立唯識意爲有情證得如斯二轉依果。或依卽是唯識眞如。生死涅槃之所依故。愚夫顚倒迷此眞如。故無始來受生死苦。聖者離倒悟此眞如。便得涅槃畢究安樂。由數修習無分別智。斷本識中二障麤重。故能轉滅依如生死。及能轉證依如涅槃。此卽眞如離雜染性。如雖

性淨而相雜染。故離染時。假說新淨。卽此新淨說為轉依。修習位中。斷障證得。雖於此位亦得菩提。而非此中頌意所顯。頌意但顯轉唯識性。二乘滿位。名解脫身。在大牟尼名法身故。

云何證得二種轉依。謂十地中修十勝行。斷十重障。證十眞如。二種轉依由斯證得。

言十地者。一極喜地。初獲聖性具證二空。能益自他。生大喜故。二離垢地。具淨尸羅。遠離能起微細毀犯煩惱垢故。三發光地。成就勝定大法總持。能發無邊妙慧光故。四燄慧地。安住最勝菩提分法。燒煩惱薪

慧燄增故。五極難勝地。眞俗兩智行相互違。合令相應極難勝故。六現前地。住緣起智。引無分別最勝般若令現前故。七遠行地。至無相住功用後邊。出過世間二乘道故。八不動地。無分別智任運相續。相用煩惱不能動故。九善慧地。成就微妙四無礙解。能徧十方善說法故。十法雲地。大法智雲含衆德水。蔭蔽一切。如空麤重。充滿法身故。如是十地總攝有為無為功德。以為自性。與所修行為勝依持。令得生長。故名為地。

十勝行者。卽是十種波羅蜜多。施有三種。謂財施無

畏施法施施戒有三種謂律儀戒攝善法戒饒益有情
戒忍有三種謂耐怨害忍安受苦忍諦察法忍精進
有三種謂被甲精進攝善精進利樂精進靜慮有三
種謂安住靜慮引發靜慮辦事靜慮般若有三種謂
生空無分別慧法空無分別慧俱空無分別慧方便
善巧有二種謂迴向方便善巧拔濟方便善巧願有
二種謂求菩提願利樂他願力有二種謂思擇力修
習力智有二種謂受用法樂智成熟有情智此十性
者施以無貪及彼所起三業爲性戒以受學菩薩戒
時三業爲性忍以無瞋精進審慧及彼所起三業爲

性精進以勤及彼所起三業爲性靜慮但以等持爲
性後五皆以擇法爲性說是根本後得智故有義第
八以欲勝解及信爲性願以此三爲自性故此說自
性若并眷屬一一皆以一切俱行功德爲性此十相
者要七最勝之所攝受方可建立波羅蜜多一安住
最勝謂要安住菩薩種性二依止最勝謂要依止大
菩提心三意樂最勝謂要悲愍一切有情四事業最
勝謂要具行一切事業五巧便最勝謂要無相智所
攝受六迴向最勝謂要迴向無上菩提七清淨最勝
謂要不爲二障間雜若非此七所攝受者所行施等

非到彼岸。由斯施等十對波羅蜜多。一一皆應四句分別。此但有十不增減者。謂十地中對治十障證十眞如。無增減故。復次前六不增減者。爲除六種相違障故。漸次修行諸佛法故。漸次成熟諸有情故。此如餘論廣說應知。又施等三增上生道。感大財體及眷屬故。精進等三決定勝道。能伏煩惱成熟有情及佛法故。諸菩薩道唯有此二。又前三種饒益有情。施彼資財。不損惱彼。堪忍彼惱而饒益故。精進等三對治煩惱。雖未伏滅而能精勤修對治彼諸善加行。永伏永滅諸煩惱故。又由施等不住涅槃。及由後三不住生死。爲無住處涅槃資糧。由此前六不增不減。後唯四者爲助前六。令修滿足不增減故。方便善巧助施等三。願助精進。力助靜慮。智助般若。令修滿故。如解深密廣說應知。十次第者。謂由前前引發後後。及由後後持淨前前。又前前麤後後細故。易難修習次第如是。釋總別名。如餘處說。此十修者有五種修。一依止任持修。二依止作意修。三依止意樂修。四依止方便修。五依止自在修。依此五修修習十種波羅蜜多。皆得圓滿。如集論等廣說其相。此十攝者。謂十一一皆攝一切波羅蜜多。互相順故。依修前行而引後者。

前攝於後必待前故後不攝前不待後故依修後行持淨前者後攝於前持淨前故前不攝後非持淨故若依純雜而修習者展轉相望應作四句此實有十而說六者應知後四第六所攝開為十者第六唯攝無分別智後四皆是後得智攝緣世俗故此十果者有漏有四除離繫果無漏有四除異熟果而有處說具五果者或互相資或二合說十與三學互相攝者戒學有三一律儀戒謂正遠離所應離法二攝善法戒謂正修證應修證法三饒益有情戒謂正利樂一切有情此與二乘有共不共甚深廣大如餘處說定

學有四一大乘光明定謂此能發照了大乘理教行果智光明故二集福王定謂此自在集無邊福如王勢力無等雙故三賢守定謂此能守世出世間賢善法故四健行定謂佛菩薩大健有情之所行故此四所緣對治堪能引發作業如餘處說慧學有三一加行無分別慧二根本無分別慧三後得無分別慧此三自性所依因緣所緣行等如餘處說如是三慧初二位中種具有三現唯加行於通達位現二種三見道位中無加行故於修習位七地已前若種若現俱通三種八地以去現二種三無功用道違加行故所

有進趣皆用後得無漏觀中任運起故究竟位中現種俱二加行現種俱已捨故若自性攝戒唯攝戒定攝靜慮慧攝後五若幷助伴皆具相攝若隨用攝戒攝前三資糧自體眷屬性故定攝靜慮慧攝後五精進三攝徧策三故若隨顯攝戒攝前四前三如前及守護故定攝靜慮慧攝後五此十位者五位皆具修習位中其相最顯然初二位頓悟菩薩種通二種現唯有漏漸悟菩薩若種若現俱通二種已得生空無漏觀故通達位中種通二種現唯無漏於修習位七地已前種現俱通有漏無漏八地以去種通二種現唯無漏究竟位中若現若種俱唯無漏此十因位有三種名一名遠波羅蜜多謂初無數劫爾時施等勢力尚微被煩惱伏未能伏彼由斯煩惱不覺現行二名近波羅蜜多謂第二無數劫爾時施等勢力漸增非煩惱伏而能伏彼由斯煩惱故意方行三名大波羅蜜多謂第三無數劫爾時施等勢力轉增能畢竟伏一切煩惱由斯煩惱永不現行猶有所知微細現種及煩惱種故未究竟此十義類差別無邊恐厭繁文略示綱要十於十地雖實皆修而隨相增地地修一雖十地行有無量門而皆攝在十到彼岸。

十重障者。一異生性障。謂二障中分別起者。依彼種立異生性故。二乘見道現在前時。唯斷一種。名得聖性。菩薩見道現在前時。具斷二種。名得聖性。二眞見道現在前時。彼二障種必不成就。猶明與闇定不俱生。如秤兩頭低昂時等。諸相違法理必應然。是故二性無俱成失。無間道時已無惑種。何用復起解脫道爲。斷惑證滅。期心別故。爲捨彼品麤重性故。無間道時雖無惑種。而未捨彼無堪任性。爲捨此故。起解脫道及證此品擇滅無爲。雖見道生。亦斷惡趣諸業果等。而今且說能起煩惱是根本故。由斯初地說斷二愚及彼麤重。一執著我法愚。即是此中異生性障。二惡趣雜染愚。即是惡趣諸業果等。應知愚品總說爲愚。後準此釋。或彼唯說利鈍障品俱起二愚。彼麤重言顯彼二種。或二所起無堪任性。如入二定說斷苦根。所斷苦根雖非現種而名麤重。此亦應然。後麤重言例此應釋。雖初地所斷實通二障。而異生性障意取所知。說十無明非染汙故。無明即是十障品愚。二乘亦能斷煩惱障。彼是共故。非此所說。又十無明不染汙者。唯依十地修所斷說。雖此位中亦伏煩惱斷彼麤重。而非正意。不斷隨眠。故此不說。理實初地修道位中。亦斷俱生所知一分。然今且說最初斷者。後九地斷。準此應知。住滿地中。時既淹久。理應進斷所應斷障。不爾。三時道應無別。故說菩薩得現觀已。復於十地修道位中。唯修永滅所知障道。留煩惱障助願受生。非如二乘速趣圓寂。故修道位。不斷煩惱。將成佛時。方頓斷故。

二邪行障。謂所知障中俱生一分。及彼所起悞犯三業。彼障二地極淨尸羅。入二地時。便能永斷。由斯二地說斷二愚及彼麤重。一微細悞犯愚。卽是此中俱生一分。二種種業趣愚。卽彼所起悞犯三業。或唯起業不了業愚。

三闇鈍障。謂所知障中俱生一分。令所聞思修法忘失。彼障三地勝定總持及彼所發殊勝三慧。入三地時。便能永斷。由斯三地說斷二愚及彼麤重。一欲貪愚。卽是此中能障勝定及修慧者。彼昔多與欲貪俱故。名欲貪愚。今得勝定及修所成。彼既永斷。欲貪隨伏。此無始來依彼轉故。二圓滿聞持陀羅尼愚。卽是此中能障總持聞思慧者。

四微細煩惱現行障。謂所知障中俱生一分。第六識俱身見等攝。最下品故。不作意緣故。遠隨現行故。說

名微細。彼障四地菩提分法。入四地時便能永斷。彼
昔多與第六識中任運而生執我見等同體起故。說
煩惱名。今四地中既得無漏菩提分法。彼便永滅。此
我見等亦永不行。初二三地行施戒修相同世間。四
地修得菩提分法。方名出世。故能永害二身見等。寧
知此與第六識俱。第七識俱執我見等與無漏道性
相違故。八地以去方永不行。七地已來猶得現起。與
餘煩惱爲依持故。此麤彼細伏有前後。故此但與第
六相應。身見等言亦攝無始所知障攝定愛法愛。彼
定法愛。三地尚增入四地時方能永斷。菩提分法特

違彼故。由斯四地說斷二愚及彼麤重。一等至愛愚。
卽是此中定愛俱者。二法愛愚。卽是此中法愛俱者。
所知障攝二愚斷故。煩惱二愛亦永不行。
五於下乘般涅槃障。謂所知障中俱生一分。令厭生
死樂趣涅槃同下二乘厭苦欣滅。彼障五地無差別
道。入五地時便能永斷。由斯五地說斷二愚及彼麤
重。一純作意背生死愚。卽是此中厭生死者。二純作
意向涅槃愚。卽是此中樂涅槃者。
六麤相現行障。謂所知障中俱生一分。執有染淨麤
相現行。彼障六地無染淨道。入六地時便能永斷。由

斯六地說斷二愚及彼麤重。一現觀察行流轉愚。卽是此中執有染者。諸行流轉。染分攝故。二相多現行愚。卽是此中執有淨者。取淨相故。相觀多行。未能多時住無相觀。

七細相現行障。謂所知障中俱生一分。執有生滅細相現行。彼障七地妙無相道。入七地時便能永斷。由斯七地說斷二愚及彼麤重。一細相現行愚。卽是此中執有生者。猶取流轉細生相故。二純作意求無相愚。卽是此中執有滅者。尙取還滅細滅相故。純於無相作意勤求。未能空中起有勝行。

八無相中作加行障。謂所知障中俱生一分。令無相觀不任運起。前之五地有相觀多無相觀少。於第六地有相觀少無相觀多。第七地中純無相觀。雖恆相續而有加行。由無相中有加行故。未能任運現相及土。如是加行障八地中無功用道。故若得入第八地時便能永斷。彼永斷故得二自在。由斯八地說斷二愚及彼麤重。一於無相作功用愚。二於相自在愚。令於相中不自在故。此亦攝土相一分。故八地以上純無漏道任運起故。三界煩惱永不現行。第七識中細所知障。猶可現起。生空智果不違彼故。

九利他中不欲行障。謂所知障中俱生一分。令於利樂有情事中不欲勤行。樂修已利。彼障九地四無礙解。入九地時便能永斷。由斯九地說斷二愚及彼麤重。一於無量所說法無量名句字後後慧辯陀羅尼自在愚。於無量所說法陀羅尼自在者。謂義無礙解。即於所詮總持自在。於一義中現一切義故。於無量名句字陀羅尼自在者。謂法無礙解。即於能詮總持自在。於一名句字中現一切名句字故。於後後慧辯陀羅尼自在者。謂詞無礙解。即於言音展轉訓釋總持自在。於一音聲中現一切音聲故。二辯才自在愚。

辯才自在者。謂辯無礙解。善達機宜巧為說故。愚能障此四種自在。皆是此中第九障攝。

十於諸法中未得自在障。謂所知障中俱生一分。令於諸法不得自在。彼障十地大法智雲及所含藏所起事業。入十地時便能永斷。由斯十地說斷二愚及彼麤重。一大神通愚。即是此中障所起事業者。二悟入微細祕密愚。即是此中障大法智雲及所含藏者。此地於法雖得自在。而有餘障未名最極。謂有俱生微所知障及有任運煩惱障種。金剛喻定現在前時。彼皆頓斷。入如來地。由斯佛地說斷二愚及彼麤重。

一於一切所知境極微細著愚。即是此中微所知障。二極微細礙愚。即是此中一切任運煩惱障種。故集論說得菩提時。頓斷煩惱及所知障。成阿羅漢及成如來。證大涅槃大菩提故。

成唯識論卷第九

音釋

練（郎甸切精練也）煗（乃管切溫也）創（初亮切始也）輭（而兖切弱也）耐（奴代切忍也）

成唯識論卷第十

護法等菩薩造

唐三藏法師玄奘奉　詔譯

此十一障。二障所攝。煩惱障中見所斷種。於極喜地見道初斷。彼障現起地前已伏。修所斷種。金剛喻定現在前時。一切頓斷。彼障現起地前漸伏。初地以上。能頓伏盡。令永不行。如阿羅漢。由故意力前七地中雖暫現起。而不爲失。八地以上畢竟不行。所知障中見所斷種。於極喜地見道初斷。彼障現起地前已伏。修所斷種。於十地中漸次斷滅。金剛喻定現在前時。

方永斷盡。彼障現起地前漸伏。乃至十地方永伏盡。八地以上六識俱者不復現行。無漏觀心及果相續能違彼故。第七俱者猶可現行。法空智果起位方伏。前五轉識設未轉依。無漏伏故障不現起。雖於修道十地位中皆不斷滅煩惱障種。而彼麤重亦漸斷滅。由斯故說二障麤重。一一皆有三位斷義。雖諸位中皆斷麤重。而三位顯是故偏說。斷二障種漸頓云何。第七識俱煩惱障種。三乘將得無學果時。一剎那中三界頓斷。所知障種將成佛時。一剎那中一切頓斷。任運內起無麤細故。餘六識俱煩惱障種見所斷者。

三乘見位眞見道中。一切頓斷。修所斷者。隨其所應。一類二乘。三界九地。一一漸次九品別斷。一類二乘。三界九地合爲一聚。九品別斷。菩薩要起金剛喻定。一刹那中三界頓斷。所知障種初地初心頓斷一切見所斷者。修所斷者。後於十地修道位中漸次而斷。乃至正起金剛喻定。一刹那中方皆斷盡。通緣內外麤細境生。品類差別有衆多故。二乘根鈍。漸斷障時。必各別起無間解脫。加行勝進。或別或總。菩薩利根。漸斷障位。非要別起無間解脫。刹那刹那能斷證故。加行等四。刹那刹那前後相望皆容具有。

十眞如者。一徧行眞如。謂此眞如二空所顯。無有一法而不在故。二最勝眞如。謂此眞如具無邊德。於一切法最爲勝故。三勝流眞如。謂此眞如所流教法。於餘教法極爲勝故。四無攝受眞如。謂此眞如無所繫屬。非我執等所依取故。五類無別眞如。謂此眞如類無差別。非如眼等類有異故。六無染淨眞如。謂此眞如本性無染。亦不可說後方淨故。七法無別眞如。謂此眞如雖多教法種種安立。而無異故。八不增減眞如。謂此眞如離增減執。不隨淨染有增減故。卽此亦名相土自在所依眞如。謂若證得此眞如已現相現土俱自在故。九智自在所依眞如。謂若證得此眞如已。於無礙解得自在故。十業自在等所依眞如。謂若證得此眞如已。普於一切神通作業總持定門。皆自在故。雖眞如性實無差別。而隨勝德假立十種。雖初地中已達一切。而能證行猶未圓滿。爲令圓滿。後後建立。

如是菩薩於十地中。勇猛修行十種勝行。斷十重障證十眞如。於二轉依便能證得。

轉依位別。略有六種。一損力益能轉。謂初二位。由習勝解及慚愧故。損本識中染種勢力。益本識內淨種

功能。雖未斷障種實證轉依。而漸伏現行。亦名爲轉。二通達轉。謂通達位。由見道力。通達眞如。斷分別生二障麤重。證得一分眞實轉依。三修習轉。謂修習位。由數修習十地行故。漸斷俱生二障麤重。漸次證得眞實轉依。攝大乘中說通達轉。在前六地。有無相觀。通達眞俗間雜現前。令眞非眞現不現故。說修習轉在後四地。純無相觀長時現前。勇猛修習斷餘麤重。多令非眞不顯現故。四果圓滿轉。謂究竟位。由三大劫阿僧企耶。修集無邊難行勝行。金剛喻定現在前時。永斷本來一切麤重。頓證佛果圓滿轉依。窮未來

際利樂無盡。五下劣轉。謂二乘位專求自利厭苦欣寂。唯能通達生空眞如。斷煩惱種。證眞擇滅。無勝堪能。名下劣轉。六廣大轉。謂大乘位爲利他故趣大菩提。生死涅槃俱無欣厭。具能通達二空眞如。雙斷所知煩惱障種。頓證無上菩提涅槃。有勝堪能。名廣大轉。此中意說廣大轉依。捨二麤重而證得故。

轉依義別。略有四種。一能轉道。此復有二。一能伏道。謂伏二障隨眠勢力。令不引起二障現行。此通有漏無漏二道。加行根本後得三智。隨其所應漸頓伏彼。二能斷道。謂能永斷二障隨眠。此道定非有漏加行。

有漏曾習相執所引。未泯相故。加行趣求所證所引。未成辦故。有義根本無分別智親證二空所顯眞理。無境相故。能斷隨眠。後得不然。故非斷道。有義後得無分別智。雖不親證二空眞理。無力能斷迷理隨眠。而於安立非安立相明了現前無倒證故。亦能永斷迷事隨眠。故瑜伽說修道位中。有出世斷道世出世斷道。無純世間道能永害隨眠。是曾習故。相執引故。由斯理趣。諸見所斷及修所斷迷理隨眠。唯有根本無分別智親證理故。能正斷彼。餘修所斷迷事隨眠。根本後得俱能正斷。

二所轉依。此復有二。一持種依。謂根本識。由此能持染淨法種。與染淨法俱爲所依。聖道轉令捨染得淨。餘依他起性。雖亦是依。而不能持種。故此不說。二迷悟依。謂眞如。由此能作迷悟根本。諸染淨法依之得生。聖道轉令捨染得淨。餘雖亦作迷悟法依。而非根本故。此不說。

三所轉捨。此復有二。一所斷捨。謂二障種。眞無間道現在前時。障治相違。彼便斷滅。永不成就。說之爲捨。彼種斷故。不復現行妄執我法。所執我法。不對妄情。亦說爲捨。由此名捨徧計所執。二所棄捨。謂餘有漏

劣無漏種。金剛喻定現在前時。引極圓明純淨本識。非彼依故。皆永棄捨。彼種捨已。現有漏法。及劣無漏。畢竟不生。旣永不生。亦說爲捨。由此名捨生死劣法。有義所餘有漏法種及劣無漏。金剛喻定現在前時。皆已棄捨。與二障種俱時捨故。有義爾時猶未捨彼。與無間道不相違故。菩薩應無生死法故。此位應無所熏識故。住無間道應名佛故。後解脫道應無用故。由此應知餘有漏等解脫道起方棄捨之。第八淨識。非彼依故。

四所轉得。此復有二。一所顯得。謂大涅槃。此雖本來

自性清淨。而由客障覆令不顯。眞聖道生斷彼障故。令其相顯。名得涅槃。此依眞如離障施設。故體卽是清淨法界。涅槃義別。略有四種。一本來自性清淨涅槃。謂一切法相眞如理。雖有客染而本性淨。具無數量微妙功德。無生無滅湛若虛空。一切有情平等共有。與一切法不一不異。離一切相一切分別。尋思路絕名言道斷。唯眞聖者自內所證。其性本寂故名涅槃。二有餘依涅槃。謂卽眞如出煩惱障。雖有微苦所依未滅。而障永寂。故名涅槃。三無餘依涅槃。謂卽眞如出生死苦。煩惱既盡。餘依亦滅。衆苦永寂。故名涅

槃。四無住處涅槃。謂卽眞如出所知障。大悲般若常所輔翼。由斯不住生死涅槃。利樂有情窮未來際。用而常寂。故名涅槃。一切有情皆有初一。二乘無學容有前三。唯我世尊可言具四。如何善逝有有餘依。雖無實依而現似有。或苦依盡說無餘依。非苦依在說有餘依。是故世尊可言具四。若聲聞等有無餘依。如何有處說彼非有。有處說彼都無涅槃。豈有餘依彼亦非有。然聲聞等身智在時。有所知障苦依未盡圓寂義隱說無涅槃。非彼實無煩惱障盡所顯眞理有餘涅槃。爾時未證無餘圓寂。故亦說彼無無餘依。非

彼後時滅身智已無苦依盡無餘涅槃或說二乘無
涅槃者依無住處不依前三又說彼無無餘依者依
不定性二乘而說彼纔證得有餘涅槃決定迴心求
無上覺由定願力留身久住非如一類入無餘依謂
有二乘深樂圓寂得生空觀親證眞如永滅感生煩
惱障盡顯依眞理有餘涅槃彼能感生煩惱盡故後
有異熟無由更生現苦所依任運滅位餘有爲法既
無所依與彼苦依同時頓捨顯依眞理無餘涅槃爾
時雖無二乘身智而由彼證可說彼有此位唯有淸
淨眞如離相湛然寂滅安樂依斯說彼與佛無差但

無菩提利樂他業故復說彼與佛有異諸所知障既
不感生如何斷彼得無住處彼能隱覆法空眞如令
不發生大悲般若窮未來際利樂有情故斷彼時顯
法空理此理即是無住涅槃令於二邊俱不住故若
所知障亦障涅槃如何斷彼不得擇滅擇滅離縛彼
非縛故既爾斷彼寧得涅槃非諸涅槃皆擇滅攝不
爾性淨應非涅槃能縛有情住生死者斷此說得擇
滅無爲諸所知障不感生死非如煩惱能縛有情故
斷彼時不得擇滅然斷彼故法空理顯此理相寂說
爲涅槃非此涅槃擇滅爲性故四圓寂諸無爲中初

後卽眞如中二擇滅攝。若唯斷縛得擇滅者。不動等二。四中誰攝。非擇滅攝。說暫離故。擇滅無爲唯究竟滅。有非擇滅非永滅故。或無住處亦擇滅攝。由眞擇力滅障得故。擇滅有二。一滅縛得。謂斷感生煩惱得者。二滅障得。謂斷餘障而證得者。故四圓寂諸無爲中。初一卽眞如。後三皆擇滅。不動等二暫伏滅者非擇滅攝。究竟滅者擇滅所攝。旣所知障亦障涅槃。如何但說是菩提障。說煩惱障但障涅槃。豈彼不能爲菩提障。應知聖教依勝用說。理實俱能通障二果。如是所說四涅槃中。唯後三種名所顯得。

二所生得。謂大菩提。此雖本來有能生種。而所知障礙故不生。由聖道力斷彼障故。令從種起。名得菩提。起已相續窮未來際。此卽四智相應心品。

云何四智相應心品。一大圓鏡智相應心品。謂此心品離諸分別。所緣行相微細難知。不妄不愚。一切境相性相清淨。離諸雜染。純淨圓德現種依持。能現能生身土智影。無間無斷。窮未來際。如大圓鏡現衆色像。二平等性智相應心品。謂此心品觀一切法自他有情悉皆平等。大慈悲等恆共相應。隨諸有情所樂示現受用身土影像差別。妙觀察智不共所依。無住

涅槃之所建立。一味相續窮未來際。三妙觀察智相
應心品。謂此心品善觀諸法自相共相無礙而轉。攝
觀無量總持之門及所發生功德珍寶。於大衆會能
現無邊作用差別。皆得自在。雨大法雨斷一切疑。令
諸有情皆獲利樂。四成所作智相應心品。謂此心品。
爲欲利樂諸有情故。普於十方示現種種變化三業。
成本願力所應作事。
如是四智相應心品雖各定有二十二法。能變所變
種現俱生。而智用增。以智名顯。故此四品總攝佛地
一切有爲功德皆盡。此轉有漏八七六五識相應品

如次而得。智雖非識而依識轉。識爲主故說轉識得。
又有漏位智劣識强。無漏位中智强識劣。爲勸有情
依智捨識。故說轉八識而得此四智。
大圓鏡智相應心品有義菩薩金剛喻定現在前時。
卽初現起異熟識種與極微細所知障種俱時捨故。
若圓鏡智爾時未起便無能持淨種識故。有義此品。
解脫道時初成佛故乃得初起。異熟識種金剛喻定
現在前時猶未頓捨。與無間道不相違故。非障有漏
劣無漏法。但與佛果定相違故。金剛喻定無所熏識
無漏不增應成佛故。由斯此品從初成佛盡未來際

相續不斷。持無漏種令不失故。平等性智相應心品。菩薩見道初現前位。違二執故。方得初起。後十地中。執未斷故。有漏等位。或有間斷。法雲地後。與淨第八相依相續盡未來際。妙觀察智相應心品。生空觀品。二乘見位。亦得初起。此後展轉至無學位。或至菩薩解行地終。或至上位。若非有漏。或無心時。皆容現起。法空觀品。菩薩見位。方得初起。此後展轉乃至上位。若非有漏生空智果。或無心時。皆容現起。成所作智相應心品。有義菩薩修道位中。後得引故。亦得初起。有義成佛方得初起。以十地中。依異熟識所變眼等

非無漏故。有漏不共。必俱同境。根發無漏識。理不相應故。此二於境。明昧異故。由斯此品要得成佛。依無漏根方容現起。而數間斷。作意起故。此四種性。雖皆本有。而要熏發。方得現行。因位漸增。佛果圓滿。不增不減。盡未來際。但從種生。不熏成種。勿前佛德勝後佛故。

大圓鏡智相應心品。有義但緣眞如爲境。是無分別。非後得智。行相所緣不可知故。有義此品緣一切法。莊嚴論說。大圓鏡智於一切境不愚迷故。佛地經說。如來智鏡。諸處境識衆像現故。又此決定緣無漏種。

及身土等諸影像故行緣微細說不可知如阿賴耶亦緣俗故緣眞如故是無分別緣餘境故後得智攝其體是一隨用分二了俗由證眞故說爲後得餘一分二準此應知平等性智相應心品有義但緣第八淨識如染第七緣藏識故有義但緣眞如爲境緣一切法平等性故有義徧緣眞俗爲境佛地經說平等性智證得十種平等性故莊嚴論說緣諸有情自他平等隨他勝解示現無邊佛影像故由斯此品通緣眞俗二智所攝於理無違妙觀察智相應心品緣一切法自相共相皆無障礙二智所攝成所作智相應

心品有義但緣五種現境莊嚴論說如來五根一一皆於五境轉故有義此品亦能徧緣三世諸法不違正理佛地經說成所作智起作三業諸變化事決擇有情心行差別領受去來現在等義若不徧緣無此能故然此心品隨意樂力或緣一法或二或多且說五根於五境轉不言唯爾故不相違隨作意生緣事相境起化業故後得智攝

此四心品雖皆徧能緣一切法而用有異謂鏡智品現自受用身淨土相持無漏種平等智品現他受用身淨土相成事智品能現變化身及土相觀察智品

觀察自他功能過失。雨大法雨。破諸疑網。利樂有情。如是等門差別多種。

此四心品名所生得。此所生得總名菩提。及前涅槃名所轉得。雖轉依義總有四種。而今但取二所轉得。頌說證得轉依言故。此修習位說能證得。非已證得。因位攝故。

後究竟位其相云何。頌曰。

◎此卽無漏界◎不思議善常◎安樂解脫身
◎大牟尼名法

論曰。前修習位所得轉依。應知卽是究竟位相。此謂此前二轉依果。卽是究竟無漏界攝。諸漏永盡。非漏隨增。性淨圓明。故名無漏。界是藏義。此中含容無邊希有大功德故。或是因義。能生五乘世出世間利樂事故。清淨法界可唯無漏攝。四智心品如何唯無漏。道諦攝故。唯無漏攝。謂佛功德及身土等皆是無漏種性所生。有漏法種已永捨故。雖有示現作生死身業煩惱等似苦集諦。而實無漏道諦所攝。集論等說十五界等唯是有漏。如來豈無五根五識五外界等。有義如來功德身土甚深微妙。非有非無。離諸分別。絕諸戲論。非界處等法門所攝。故與彼說理不相違。

有義如來五根五境。妙定生故。法界色攝。非佛五識。雖依此變。然麤細異。非五境攝。如來五識。非五識界。經說佛心恆在定故。論說五識性散亂故。成所作智何識相應。第六相應。起化用故。與觀察智性有何別。彼觀諸法自共相等。此唯起化。故有差別。此二智品應不並生。一類二識不俱起故。許不並起。於理無違。同體用分。俱亦非失。或與第七淨識相應。依眼等根緣色等境。是平等智作用差別。謂淨第七起他受用身土相者。平等品攝。起變化者。成事品攝。豈不此品攝五識得。非轉彼得體卽是彼。如轉生死言得涅槃。

不可涅槃同生死攝。是故於此不應爲難。有義如來功德身土。如應攝在蘊處界中。彼三皆通有漏無漏。集論等說十五界等唯有漏者。彼依二乘麤淺境說。非說一切。謂餘成就十八界中。唯有後三通無漏攝。佛成就者。雖皆無漏。而非二乘所知境攝。然餘處說佛功德等非界等者。不同二乘劣智所知界等相故。理必應爾。所以者何。說有爲法皆蘊攝故。說一切法界處攝故。十九界等聖所遮故。若絕戲論便非界等。亦不應說卽無漏界善常安樂解脫身等。又處處說轉無常蘊獲得常蘊。界處亦然。寧說如來非蘊處界。

故言非者是密意說。又說五識性散亂者。說餘成者
非佛所成。故佛身中十八界等。皆悉具足。而純無漏。
此轉依果。又不思議。超過尋思言議道故。微妙甚深
自內證故。非諸世間喻所喻故。此又是善。白法性故。
清淨法界遠離生滅。極安隱故。四智心品妙用無方。
極巧便故。二種皆有順益相故。違不善故。俱說爲善。
論說處等八唯無記。如來豈無五根三境。此中三釋。
廣說如前。一切如來身土等法。皆滅道攝。故唯是善。
聖說滅道唯善性故。說佛土等非苦集故。佛識所變
有漏不善無記相等。皆從無漏善種所生。無漏善攝。

此又是常。無盡期故。清淨法界無生無滅。性無變易。
故說爲常。四智心品所依常故。無斷盡故。亦說爲常。
非自性常。從因生故。生者歸滅。一向記故。不見色心
非無常故。然四智品由本願力。所化有情無盡期故。
窮未來際。無斷無盡。此又安樂。無逼惱故。清淨法界
衆相寂靜。故名安樂。四智心品永離惱害。故名安樂。
此二自性皆無逼惱。及能安樂一切有情。故二轉依
俱名安樂。二乘所得二轉依果。唯永遠離煩惱障縛。
無殊勝法。故但名解脫身。大覺世尊成就無上寂默
法。故名大牟尼。此牟尼尊所得二果。永離二障。亦名

法身。無量無邊力無畏等。大功德法所莊嚴故。體依
聚義。總說名身。故此法身。五法爲性。非淨法界獨名
法身。二轉依果皆此攝故。
如是法身有三相別。一自性身。謂諸如來眞淨法界。
受用變化平等所依。離相寂然絕諸戲論。具無邊際
眞常功德。是一切法平等實性。卽此自性亦名法身。
大功德法所依止故。二受用身。此有二種。一自受用。
謂諸如來三無數劫修集無量福慧資糧所起無邊
眞實功德及極圓淨常徧色身。相續湛然盡未來際。
恆自受用廣大法樂。二他受用。謂諸如來由平等智

示現微妙淨功德身。居純淨土。爲住十地諸菩薩衆。
現大神通轉正法輪。決衆疑網。令彼受用大乘法樂。
合此二種名受用身。三變化身。謂諸如來由成事智
變現無量隨類化身。居淨穢土。爲未登地諸菩薩衆。
二乘異生稱彼機宜現通說法。令各獲得諸利樂事。
以五法性攝三身者。有義初二攝自性身。經說眞如
是法身故。論說轉去阿賴耶識得自性身。圓鏡智品
轉去藏識而證得故。中二智品攝受用身。說平等智
於純淨土爲諸菩薩現佛身故。說觀察智大集會中。
說法斷疑。現自在故。說轉諸轉識得受用身故。後一

智品攝變化身。說成事智於十方土現無量種難思
化故。又智殊勝具攝三身。故知三身皆有實智。有義
初一攝自性身。說自性身本性常故。說佛法身無生
滅故。說證因得非生因故。又說法身諸佛共有。徧一
切法。猶若虛空。無相無爲非色心故。然說轉去藏識
得者。謂由轉滅第八識中二障麤重顯法身故。智殊
勝中說法身者。是彼依止彼實性故。自性法身雖有
眞實無邊功德。而無爲故不可說爲色心等物。四智
品中眞實功德鏡智所起常徧色身攝自受用。平等
智品所現佛身攝他受用。成事智品所現隨類種種

身相攝變化身。說圓鏡智是受用佛。轉諸轉識得受
用故。雖轉藏識亦得受用。然說轉彼顯法身故。於得
受用略不說之。又說法身無生無滅唯證因得非色
心等。圓鏡智品與此相違。若非受用屬何身攝。又受
用身攝佛不共有爲實德。故四智品實有色心皆受
用攝。又他受用及變化身皆爲化他方便示現。故不
可說實智爲體。雖說化身智殊勝攝。而似智現。或智
所起假說智名。體實非智。但說平等成所作智能現
受用三業化身。不說二身卽是二智。故此二智自受
用攝。然變化身及他受用雖無眞實心及心所而有

化現心心所法。無上覺者神力難思。故能化現無形質法。若不爾者。云何如來現貪瞋等。久已斷故。云何聲聞及傍生等。知如來心。如來實心。等覺菩薩尚不知故。由此經說化無量類皆令有心。又說如來成所作智化作三業。又說變化有依他心。依他實心。相分現故。雖說變化無根心等。而依餘說。不依如來。又化色根心心所法。無根等用。故不說有。

如是三身雖皆具足無邊功德。而各有異。謂自性身。唯有眞實常樂我淨。離諸雜染。衆善所依。無爲功德。無色心等差別相用。自受用身具無量種妙色心等

眞實功德。若他受用及變化身唯具無邊似色心等利樂他用化相功德。

又自性身正自利攝。寂靜安樂無動作故。亦兼利他。爲增上緣令諸有情得利樂故。又與受用及變化身爲所依止。故俱利攝。自受用身唯屬自利。若他受用及變化身唯屬利他。爲他現故。

又自性身依法性土。雖此身土體無差別。而屬佛法相性異故。此佛身土俱非色攝。雖不可說形量小大。然隨事相其量無邊。譬如虛空徧一切處。自受用身還依自土。謂圓鏡智相應淨識。由昔所修自利無漏

純淨佛土因緣成熟從初成佛盡未來際相續變爲
純淨佛土周圓無際衆寶莊嚴自受用身常依而住
如淨土量身量亦爾諸根相好一一無邊無限善根
所引生故功德智慧既非色法雖不可說形量大小
而依所證及所依身亦可說言徧一切處他受用身
亦依自土謂平等智大慈悲力由昔所修利他無漏
純淨佛土因緣成熟隨住十地菩薩所宜變爲淨土
或小或大或劣或勝前後改轉他受用身依之而住
能依身量亦無定限若變化身依變化土謂成事智
大慈悲力由昔所修利他無漏淨穢佛土因緣成熟

隨未登地有情所宜化爲佛土或淨或穢或小或大
前後改轉佛變化身依之而住能依身量亦無定限
自性身土一切如來同所證故體無差別自受用身
及所依土雖一切佛各變不同而皆無邊不相障礙
餘二身土隨諸如來所化有情有共不共所化共者
同處同時諸佛各變爲身爲土形狀相似不相障礙
展轉相雜爲增上緣令所化生自識變現謂於一土
有一佛身爲現神通說法饒益於不共者唯一佛變
諸有情類無始時來種性法爾更相繫屬或多屬一
或一屬多故所化生有共不共不爾多佛久住世間

各事劬勞實爲無益。一佛能益一切生故。
此諸身土若淨若穢無漏識上所變現者同能變識
俱善無漏。純善無漏因緣所生。是道諦攝。非苦集故。
蘊等識相。不必皆同。三法因緣雜引生故。有漏識上
所變現者同能變識皆是有漏。純從有漏因緣所生。
是苦集攝。非滅道故。善等識相不必皆同。三性因緣
雜引生故。蘊等同異。類此應知。不爾應無五十二等。
然相分等依識變現。非如識性依他中實。不爾。唯識
理應不成。許識內境俱實有故。或識相見等從緣生
俱依他起。虛實如識。唯言遣外。不遮內境。不爾。眞如

亦應非實。
內境與識既並非虛。如何但言唯識非境。識唯內有。
境亦通外。恐濫外故。但言唯識。或諸愚夫迷執於境
起煩惱業。生死沈淪。不解觀心勤求出離。哀愍彼故。
說唯識言。令自觀心解脫生死。非謂內境如外都無。
或相分等皆識爲性。由熏習力似多分生。眞如亦是
識之實性。故除識性無別有法。此中識言亦說心所。
心與心所定相應故。
此論三分成立唯識。是故說爲成唯識論。亦說此論
名淨唯識。顯唯識理極明淨故。此本論名唯識三十。

由三十頌顯唯識理。乃得圓滿非增減故。

已依聖教及正理　分別唯識性相義
所獲功德施羣生　願共速登無上覺

成唯識論卷第十

成唯識論後序

唐吳興沈玄明撰

原夫覺海澂玄。涵萬流而濬宗極。神幾闡妙。袚眾象而凝至眞。朗慧日而鏡六幽。洩慈雲而淸八寓。演一音而懸解。邇三乘以遐騖。體陳如之半器。津有有於鹿園。照善現之滿機。繹空空於鷲嶺。雖絕塵於常斷。詎遺筌於有空。顯無上之靈宗。凝中道於茲教。逮金河滅景。派涫源而不追。玉牒霏華。緒澆風而競扇。於是二十八見。迷桑鴈於五天。一十六師。亂雲牛於四主。半千將聖。茲惟世親。實賢劫之應眞。晦生知以提化飛光毓彩誕暎資靈曜常明於八蘊藻初情於六足秀談芝於俱舍摽說有之餘宗攝玄波於大乘貫研空之至理化方昇而照極湛沖一於斯頌唯識三十偈者世親歸根之遺製也理韜淵海泛浮境於縈河義鬱煙飈麗虹章於玄圃言含萬象字苞千訓妙旨天逕邃彩星華幽緒未宣冥神絕境孤明歛暎祕思潛津後有護法安慧等十大菩薩韞玄珠於八藏聳層構於四圍宅照二因捿清三觀升暉十地澄智水以潤賢林鄰幾七覺皎行月而開重夜優柔芳烈景躅前修箭涌泉言風飛寶思咸觀本頌各裁斯釋

名曰成唯識論或名淨唯識論空心外之二取息滯有之迷塗有識內之一心遣歸空之妄執晦斯心境苦海所以長淪悟彼有空覺岸於焉高蹈九十外道亂風轍而靡星旗十八小乘軔輱軒而扶龍轂窮神體妙詣賾探機精貫十支洞該九分顧十翼而搏仙羽傾九流以濬瓊波盡邃理之希微闡法王之奧典稱謂雙絕筌象兼忘曜靈景於西申閟虹光於震旦濟物弘道眇歸宗德粤若大和上三藏法師玄奘體睿舍眞履仁翔慧九門禪宴證靜於融山八萬玄津騰流於委海蠱金牆而月曜峻玉宇而霞騫軼芳粹

於澄蘭孕風華於龍翼悼微言之匿彩嗟大義之淪暉用啟誓言肆茲遙踐泳祥河之輟水攀寶樹之低枝循鏤杠以神遊躡霙峯而安步昇紫階而證道瞰玄影以嚴因探奧觀奇徙蒼龍於二紀緘檀篆貝旋白馬於三秦我大唐慶表金輪禎資樞電奄大千而光宅御六辯以天飛神化潛通九仙賚寶玄猷旁闡百靈聳職凝旒邃拱杳通夢於霄暉掞組摛華煥騰文以幽贊爰降綸旨溥令翻譯勅尚書左僕射燕國公于志寧中書令高陽公許敬宗等潤色沙門釋神泰等證義沙門釋靖邁等質文肇自貞觀十九年終於顯慶之末部將六十卷出一千韜軼蓬萊池湟環潡載隆法寶大啟羣迷頌德序經並紆宸藻玄風之盛未之前聞粵以顯慶四年龍捷叶洽玄英應序厥閏惟陽糅茲十釋四千五百頌彙聚羣分各遵其本合爲一部勒成十卷月窮於紀銓綜云畢精括詁訓硏詳夷夏調驚韶律藻掞天庭白鳳甄奇紫微呈瑞遂使文同義異若一師之製焉斯則古聖今賢其揆一也三藏弟子基鼎族高門玉田華胄壯年味道綺日參玄業峻林遠識清雲鏡閑儀玉瑩凌道遂而澄明逸韻蘭芳掩法汰而飛辯緒仙音於八梵舞霄鶴

以翔禎。摛麗範於九章。影桐鸞而絢藻。昇光譯侶。俯潛徹而融暉。登彩義徒。顧猷暢而高視。秀初昕之琁景。晉燭玄儒。矯彌天之絕翰。騰邁眞俗。親承四辯。言獎三明。疏發戶牖。液導津涉。績功資素。通理寄神。綜其綱領。甄其品第。兼撰義疏。傳之後學。庶敎蟠黃陸。跨合璧於龜疇。祥浮紫宮。掩連珠於麟籍。式罄庸謏。敘其宗致云。

音釋

泯 彌盡切滅也 輔翼 輔奉甫切助也翼與職切扶也 澂 持陵切與澄同 涵 胡男切包容也 濬 須閏切疏瀹也 洩 先結切散也 寓 王矩切與宇同天地四方曰宇 鶩 亡遇切馳也 繹 夷益切紬繹也 澆 堅堯切薄也 毓 余六切養也 賁 彼義切飾也 躅 廚玉切迹也 軔 而振切止輪木也 羬 巨淹切羊八尺爲羬 頫 他弔切俯首聽也 閟 彼義切閉也 粵 于伐切與越同發語詞 軼 弋質切超過也 躙 良刃切踐也 霙 於京切雪霰也 瞰 苦濫切俯視也 賫 慈忍切會禮之則也 旒 力求切冕旒也 揬 舒贍切舒也 組 總古切綴屬 摛 抽之切布也 潡 蒲沒切與渤同 糅 女九切雜也 彙 于貴切類也 銓 逡緣切次也 綜 子宋切統理也 詁 姑五切訓詁也 籀 直又切史籀人名始作大篆者 謏 先了切小聞也

此論以宋元明麗四藏讎校。麗藏最善。兼考基師述記。然後改定。閱者幸勿以字句與別本有異。遂謂寫刻之誤也。楊文會記

松巖施洋銀三十七圓倡募鋟板

雲華施洋銀十圓　性覺施洋銀四圓

心慈施洋銀十圓　性亮施洋銀四圓

靈珠施洋銀二十圓　靜修施洋銀一圓

圓音施洋銀四圓　道清施洋銀十圓

曾善施洋銀四圓　無名氏施洋銀十圓

錧清施洋銀十圓　不留名施洋銀十圓

智珠施洋銀四圓　松山施洋銀十圓

印珠施洋銀十圓　香光施洋銀四圓

耀珠施洋銀二圓　妙音施洋銀四圓

聖珠施洋銀二圓　明智施洋銀四圓

定持施洋銀二圓

陳淨障施洋銀十圓爲求宿業消除病根頓拔

共刊此論全部連圈計字九萬一千三百七十三

個　餘資刷印施送訖

光緒二十二年春三月金陵刻經處識

唯识学丛书

崇文学术文库·西方哲学

01 靳希平 吴增定 十九世纪德国非主流哲学——现象学史前史札记
02 倪梁康 现象学的始基：胡塞尔《逻辑研究》释要（内外编）
03 陈荣华 海德格尔《存有与时间》阐释
04 张尧均 隐喻的身体：梅洛-庞蒂身体现象学研究（修订版）
05 龚卓军 身体部署：梅洛-庞蒂与现象学之后
06 游淙祺 胡塞尔的现象学心理学
07 刘国英 法国现象学的踪迹：从萨特到德里达［待出］
08 方红庆 先验论证研究
09 倪梁康 现象学的拓展：胡塞尔《意识结构研究》述记［待出］
10 杨大春 沉沦与拯救：克尔凯郭尔的精神哲学研究［待出］

崇文学术文库·中国哲学

01 马积高 荀学源流
02 康中乾 魏晋玄学史
03 蔡仲德 《礼记·乐记》《声无哀乐论》注译与研究
04 冯耀明 『超越内在』的迷思：从分析哲学观点看当代新儒学
05 白　奚 稷下学研究：中国古代的思想自由与百家争鸣
06 马积高 宋明理学与文学
07 陈志强 晚明王学原恶论
08 郑家栋 现代新儒学概论（修订版）［待出］
09 张　觉 韩非子考论［待出］
10 佐藤将之 参于天地之治：荀子礼治政治思想的起源与构造

崇文学术·逻辑

1.1 章士钊 逻辑指要
1.2 金岳霖 逻辑
1.3 傅汎际 译义，李之藻 达辞：名理探
1.4 穆　勒 著，严复 译：穆勒名学
1.5 耶方斯 著，王国维 译：辨学
1.6 亚里士多德 著：工具论（五篇 英文）
2.1 刘培育 中国名辩学
2.2 胡　适 先秦名学史（英文）
2.3 梁启超 墨经校释
2.4 陈　柱 公孙龙子集解
2.5 栾调甫 墨辩讨论
3.1 窥基、神泰 因明入正理论疏 因明正理门论述记（金陵本）
3.2 王恩洋、周叔迦 因明入正理论释（二种）